身近なテーマで
役立つ文書が作れる

# Word
# &
# Excel
# 課題集

2021/365
対応

日経BP

# はじめに

本書は、ビジネスからプライベートまで幅広い文書の作成問題をWordやExcelを使って解いていくことで、さまざまな文書を作成するスキルや実用的なワザが身に付く問題集です。

## 課題と解答

課題では、完成例や入力例を参照しながら、指示に沿って問題を解いていきます。
解答では、操作手順を1ステップずつ解説します。問題を解くうえでさまざまな操作法がある場合は、状況に合わせて効率的な方法を紹介しています。したがって、問題によっては異なった操作を紹介している場合があります。また、解答どおりでなくても問題の要求を満たしていれば正解です。

## 制作環境

本書は以下の環境で制作しました。
■Windows 11 （日本語版)をセットアップした状態。
※ほかのエディションやバージョンのWindowsでも、Office 2021およびMicrosoft 365が動作する環境であれば、ほぼ同じ操作で利用できます。
■Microsoft Office 2021 （日本語デスクトップ版)またはMicrosoft 365をセットアップし、Microsoftアカウントでサインインした状態。マウスとキーボードを用いる環境(マウスモード)。
■プリンターをセットアップした状態。
※ご使用のコンピューター、プリンター、セットアップなどの状態によって、画面の表示が本書と異なる場合があります。

## 表記

・メニュー、コマンド、ボタン、ダイアログボックスなどで画面に表示される文字は、角かっこ（[ ]）で囲んで表記しています。ボタン名の表記がないボタンは、マウスでポイントすると表示されるポップヒントで表記しています。
・入力する文字は「」で囲んで表記しています。
・本書のキー表記は、どの機種にも対応する一般的なキー表記を採用しています。2つのキーの間にプラス記号（＋)がある場合は、それらのキーを同時に押すことを示しています。

## 実習用データ

本書で学習する際に使用する実習用データを、以下の方法でダウンロードしてご利用ください。

■ダウンロード方法

① 以下のサイトにアクセスします。

　https://nkbp.jp/050550

② [実習用データのダウンロード] をクリックします。

③ 表示されたページにあるダウンロードのリンクをクリックして、適当なフォルダーにダウンロードします。ファイルのダウンロードには日経IDおよび日経BOOKプラスへの登録が必要になります（いずれも登録は無料）。

④ ダウンロードしたzip形式の圧縮ファイルを展開すると［Word&Excel課題集_2021］フォルダーが作成されます。

⑤ ［Word&Excel課題集_2021］フォルダーを［ドキュメント］フォルダーまたは講師から指示されたフォルダーなどに移動します。

### ●ダウンロードしたファイルを開くときの注意事項

インターネット経由でダウンロードしたファイルを開く場合、「注意──インターネットから入手したファイルは、ウイルスに感染している可能性があります。編集する必要がなければ、ほぼビューのままにしておくことをお勧めします。」というメッセージバーが表示されることがあります。その場合は、［編集を有効にする］をクリックして操作を進めてください。

ダウンロードしたzipファイルを右クリックし、ショートカットメニューの［プロパティ］をクリックして、［全般］タブで［ブロックの解除］を行うと、上記のメッセージが表示されなくなります。

### ●実習用データの内容

実習用データには、本書の一部の課題で使用するデータと課題ごとの完成例が収録されています。

---

**おことわり**

本書発行後（2023年6月）の機能やサービスの変更により、誌面の通りに表示されなかったり操作できなかったりすることがあります。その場合は適宜別の方法で操作してください。

# 目次

# Word 課題

イベント会場や店頭などで記入することの多いアンケート用紙。文字が主体の書類ですので、制作においては文字入力のスキルが問われます。

■ 完成例

## ふれあいファミリーイベント　アンケート用紙

この度は当イベントにお越しくださいまして誠にありがとうございます。
今後の参考にさせていただきますので、アンケートへのご協力をお願いいたします。

お名前（任意）：＿＿＿＿＿＿＿＿＿＿＿＿＿＿＿＿＿＿＿＿＿＿＿＿＿

ご年齢：　　　10代　・　20代　・　30代　・　40代
　　　　　　　50代　・　60代　・　70代　・　80代以上
ご性別：　　　男性　・　女性

Q1.　本日のイベントを何でお知りになりましたか（複数回答可）
　　　□折込チラシ　　　□テレビ・ラジオCM　　　□ポスター（掲示場所：　　　　　　　）
　　　□ホームページ　　□SNS　　　□ご紹介　　　□店頭チラシ（店舗名：　　　　　　　）
　　　□その他（　　　　　　　　　　　　　　　　　　　　　　　　　　　　　　　）

Q2.　当イベントにはどうやってご来場いただきましたか
　　　車　・　電車　・　バス　・　徒歩（自転車）　・　その他

Q3.　当イベントにご来場された理由を教えてください（複数回答可）
　　　□楽しそうだから　　　□詳しい説明を聞くため　　　□どのようなものか興味があった
　　　□最近話題だから　　　□家族の要望で　　　　　　　□アクセスのよい会場だったから
　　　□その他（　　　　　　　　　　　　　　　　　　　　　　）

Q4.　当イベントの満足度をお聞かせください
　　　とてもよかった　・　よかった　・　普通　・　よくなかった　・　非常によくなかった

Q5.　特によかったと思われるイベント内容にしるしをつけてください（複数回答可）
　　　□体験コーナー　　　□試食コーナー　　　□ご相談ブース　　　□映像ライブラリー
　　　□キッズ・ファミリースペース　　　□その他（　　　　　　　　　　　　）

Q6.　次回のイベント開催についてご要望がございましたらお聞かせください

アンケートへのご協力ありがとうございました。ご質問は以上です。

① 次のようにページを設定しましょう。

- □ 用紙サイズ：A4　　印刷の向き：縦
- □ 上余白：25mm　　下余白：22mm　　左余白：27mm　　右余白：27mm

② 次の文章を入力しましょう。

**ヒント** 空白行も入力例に合わせましょう。↵は段落記号（改行）を表します。空白も適宜入力しましょう。
「折込チラシ」や「テレビ・ラジオCM」などの先頭の □ は「しかく」と入力して変換します。
英数字はすべて半角で入力します。

---

ふれあいファミリーイベント アンケート用紙↵
↵
この度は当イベントにお越しくださいまして誠にありがとうございます。↵
今後の参考にさせていただきますので、アンケートへのご協力をお願いいたします。↵
↵
お名前(任意)：↵
↵
ご年齢：　　10代　・　20代　・　30代　・　40代↵
50代　・　60代　・　70代　・　80代以上↵
ご性別：　　男性　・　女性↵
↵
Q1．本日のイベントを何でお知りになりましたか(複数回答可)↵
□折込チラシ　　　　　□テレビ・ラジオCM　　　□ポスター(掲示場所：　　　　　　)↵
□ホームページ　　　□SNS　　　□ご紹介　　　□店頭チラシ(店舗名：　　　　　　)↵
□その他(　　　　　　　　　　　　　　　　　　　　　　　　　)↵
↵
Q2．当イベントにはどうやってご来場いただきましたか↵
車　・　電車　・　バス　・　徒歩(自転車)　・　その他↵
↵
Q3．当イベントにご来場された理由を教えてください(複数回答可)↵
□楽しそうだから　　　□詳しい説明を聞くため　　□どのようなものか興味があった↵
□最近話題だから　　　□家族の要望で　　　□アクセスのよい会場だったから↵
□その他(　　　　　　　　　　　　　　　　　　　　　　　　　)↵
↵
Q4．当イベントの満足度をお聞かせください↵
とてもよかった　・　よかった　・　普通　・　よくなかった　・　非常によくなかった↵
↵
Q5．特によかったと思われるイベント内容にしるしをつけてください(複数回答可)↵
□体験コーナー　　□試食コーナー　　□ご相談ブース　　□映像ライブラリー↵
□キッズ・ファミリースペース　　□その他(　　　　　　　　　　　　　　)↵
↵
Q6．次回のイベント開催についてご要望がございましたらお聞かせください↵
↵
↵
↵
↵
アンケートへのご協力ありがとうございました。ご質問は以上です。↵

③　1行目 "ふれあいファミリーイベント アンケート用紙" に、次の書式を設定しましょう。

　　□　フォント：游ゴシック　　フォントサイズ：18pt　　太字　　中央揃え

④　6行目 "お名前（任意）：" の後ろに30文字分の全角の空白を入力し、その部分に［下線］の書式を設定しましょう。

⑤　1行目 "ふれあいファミリーイベント アンケート用紙" に、［外枠］の段落罫線を設定しましょう。

⑥　次の9か所をすべて太字に設定しましょう。

　　□　6行目 "お名前（任意）"・8行目 "ご年齢"・10行目 "ご性別"
　　□　12行目 "Q1．本日のイベントを何でお知りになりましたか（複数回答可）"
　　□　17行目 "Q2．当イベントにはどうやってご来場いただきましたか"
　　□　20行目 "Q3．当イベントにご来場された理由を教えてください（複数回答可）"
　　□　25行目 "Q4．当イベントの満足度をお聞かせください"
　　□　28行目 "Q5．特によかったと思われるイベント内容にしるしをつけてください（複数回答可）"
　　□　32行目 "Q6．次回のイベント開催についてご要望がございましたらお聞かせください"

⑦　次のようにインデントを設定しましょう。

　　□　3行目～4行目 …… 左インデント 1字
　　□　9行目 …… 左インデント 8字
　　□　13行目～15行目 …… 左インデント 2字
　　□　18行目 …… 左インデント 2字
　　□　21行目～23行目 …… 左インデント 2字
　　□　26行目 …… 左インデント 2字
　　□　29行目～30行目 …… 左インデント 2字
　　□　33行目～35行目（空白行）…… 左インデント 2字

⑧　37行目 "アンケートへのご協力ありがとうございました" の段落を中央揃えに設定しましょう。

⑨　33行目～35行目の空白行の段落に［外枠］の段落罫線を設定しましょう。

【終了】［Word&Excel課題集_2021］フォルダー内の［保存用］フォルダーに「問題1 イベントアンケート完成」という名前で保存して、文書を閉じましょう。

名刺が自作できると副業や趣味の活動などで人と会う際に渡すことができ便利です。内容の修正がスピーディーに行えるのも自作ならではです。名刺は "ラベルの作成" という操作で作ることができます。

■ 完成例

① 以下のラベルを新規作成しましょう。

   □　ラベルの製造元：A-ONE　　製品番号：A-ONE 51002　　新規文書に作成

   **ヒント**　ここでは10面1シートの製品を指定していますが、製品によって面数や用紙サイズなどは異なります。

② 左上のラベルに次の文字列を入力しましょう。

   **ヒント**　↵は段落記号（改行）、□は全角の空白を表します。・は半角の空白を表します。
   「kimidori@example.com」を入力して改行すると文字の色が青くなり下線が表示されますが、これはハイパーリンクという機能のはたらきによるものです。

> 樹木管理/緑化コンサルティング↵
> 木緑・繁之 ↵
> 〒111-1111 ↵
> 神奈川県●●市●●町5-2-3 ↵
> 電話・000-0000-0000 ↵
> 携帯電話・000-1111-1111 ↵
> e-mail□kimidori@example.com ↵
> ↵

③ 7行目の文字列 "kimidori@example.com" のハイパーリンクを解除しましょう。

   **ヒント**　右クリックを使うと簡単にハイパーリンクを解除（削除）するためのコマンドを表示できます。

④ 1行目 "樹木管理/緑化コンサルティング" に、次の書式を設定しましょう。

   □　フォントサイズ：8pt　　文字間隔：広く0.3pt

   □　段落前：2行　　左インデント：2.5字

   **ヒント**　インデントの単位がmmになっている場合は直接「2.5字」と入力します。

⑤ 2行目 "木緑 繁之" に、次の書式を設定しましょう。

   □　フォント：游明朝 Demibold　　フォントサイズ：14pt　　文字間隔：広く1.2pt

   □　左インデント：2.5字

⑥ 3行目 "〒111-1111" ～7行目 "e-mail　kimidori@example.com" に、次の書式を設定しましょう。

   □　フォントサイズ：9pt　　文字間隔：広く0.2pt

   □　左インデント：10字　　行間：固定値12pt

⑦ 3行目 "〒111-1111" に、[段落前：1行] の書式を設定しましょう。

⑧ 1行目の末尾にカーソルがある状態で、次のアイコンを挿入しましょう。

   **ヒント**　このアイコンはキーワード "木" で検索して探してください。同じアイコンが見つからない場合は他のアイコンを挿入してください。

⑨ アイコンの色を "標準の色" の [薄い緑] に変更しましょう。

⑩ アイコンの "文字列の折り返し" の設定を [前面] に変更しましょう。

⑪ 完成例を参考に、アイコンの位置やサイズを調整しましょう。

⑫ 完成した1面の内容をコピー (複製)して、他の面に貼り付けましょう。

ヒント 1面の最終行である空白行も含めてコピーしましょう。

【終了】[Word&Excel課題集_2021] フォルダー内の [保存用] フォルダーに「問題2自分で作る名刺完成」という名前で保存して、文書を閉じましょう。

---

知 そこが りたい **突然アプリが終了した！作っていた書類はどうなる？**

何らかのトラブルでアプリが強制的に終了してしまった場合も、WordやExcel では数分おきに自動回復用データが保存されており(標準設定の場合)、再度アプリを起動すると復元された書類が表示されるので安心です。回復用データが保存された時点への復元のため、完ぺきな復元ではありませんが、1から作り直す手間を考えれば十分ではないでしょうか。

また、一度も保存していないファイルでも [ファイル] → [開く] → [保存されていない文書の回復] で回復できることがあります。

---

知 そこが りたい **変わりつつある名刺の記載項目**

以前は名刺に記載する項目と言えば、住所・固定電話番号・ホームページアドレス・Eメールアドレスなどが一般的でしたが、最近ではそれらに加えて携帯電話番号・SNSアカウントなどを記載するケースも増えてきています。

またホームページアドレスなど、文字数が多く入力の大変な情報を「QRコード」に変換して記載しているケースもあります。

申込書などは表で作成すると相手に記入してもらいやすい書類になります。行や列をあとで追加することもできるため項目の追加も簡単にできます。

## ■ 完成例

### カルチャーホール美野原　施設利用申込書

当施設の利用を希望する方は以下申込書をご記入ください。

（太枠内の項目をご記入ください）

| 利 用 施 設 | 大ホール　・　中ホール　・　小ホール |
| | 大会議室　・　中会議室　・　小会議室 |

| 利 用 日 時 | 令和　　年　　月　　日 |
| | 午前／午後　　時　　分から　午前／午後　　時　　分まで |

| 利 用 人 数 | 　　　名（うち大人　　名、子供　　名） |

| フ リ ガ ナ | |
| 団 体 名 | |
| 担 当 者 名 | |
| 住 所 | 〒 |
| 連 絡 先 電 話 番 号 | |
| 当 日 緊 急 連 絡 先 | （氏名　　　　　　　） |
| 貸 出 希 望 備 品 | □プロジェクター　□スクリーン　□マイク |
| | □DVD プレーヤー　□ホワイトボード　□延長コード |

施設記入欄

| 管理番号 | | 受付担当 | | 入力担当 | | 施設長 | |
|---|---|---|---|---|---|---|---|
| | | | | | | | |

【準備】Wordを起動し、新規文書を作成しましょう。

① 次の文章を入力しましょう。

---

カルチャーホール美野原　施設利用申込書↵
当施設の利用を希望する方は以下申込書をご記入ください。↵
↵
（太枠内の項目をご記入ください）↵
↵
施設記入欄↵
↵

---

② 1行目に次の書式を設定しましょう。

　□　フォント：HGS創英角ゴシックUB　　フォントサイズ：18pt　　中央揃え

③ 2行目の段落を"中央揃え"に設定しましょう。

④ 2行目以降のすべての文字列のフォントを"游ゴシック"に設定しましょう。

⑤ 5行目の位置に2列3行の表を挿入し、次のように文字を入力しましょう。

ヒント 列幅は完成例を参考に適宜調整しましょう。行の高さは初期設定のままでかまいません。
文字と文字の間に間隔の空いている箇所は完成例を参考に空白文字を入力します。

| 利用施設 | 大ホール　・　中ホール　・　小ホール↵<br>大会議室　・　中会議室　・　小会議室 |
|---|---|
| 利用日時 | 令和　　年　　月　　日↵<br>午前午後　　時　分から　午前午後　　時　分まで |
| 利用人数 | 　　　　名(うち大人　　名、子供　　名) |

⑥ 文字列"施設記入欄"の段落の先頭に2列5行の表を挿入し、次のように文字を入力しましょう。

ヒント 列幅は完成例を参考に適宜調整しましょう。行の高さは初期設定のままでかまいません。
「プロジェクター」や「スクリーン」などの先頭の □ は「しかく」と入力して変換します。

| 団体名 | |
|---|---|
| 住所 | 〒↵ |
| 連絡先電話番号 | |
| 当日緊急連絡先 | （氏名　　　　　　　） |
| 貸出希望備品 | □プロジェクター　□スクリーン　□マイク↵<br>□DVDプレーヤー　□ホワイトボード　□延長コード |

⑦ "団体名"の行の上に新しく1行を追加し、次のように文字"フリガナ"を入力しましょう。

➡ 
| フリガナ | |
|---|---|
| 団体名 | |

⑧ "団体名" の行の下に新しく1行を追加し、次のように文字 "担当者名" を入力しましょう。

| 団体名 | |
|---|---|
| ➡ 担当者名 | |

⑨ 上下各表の文字列のフォントサイズを12ptに変更しましょう。

ヒント　フォントサイズを変更したことで、列幅の再調整が必要になる場合があります。

⑩ 上下各表のすべての文字列をセルの左中央を基準に配置しましょう。

⑪ 上下各表の1列目 (項目名を入力したセル) の文字列を均等割付しましょう。

⑫ 上側の表の "大ホール" 〜 "小会議室" の段落に "行間：固定値12pt"、"段落前：0.5行"、"段落後：0.5行" を設定しましょう。

⑬ 下側の表の "□プロジェクター" 〜 "□延長コード" の段落に "行間：固定値12pt"、"段落前：0.5行"、"段落後：0.5行" を設定しましょう。

⑭ 上側の表の "午前午後" の文字列に組み文字 (サイズ：9pt) を設定しましょう (2か所)。

⑮ 下側の表の "氏名" の文字列に組み文字 (サイズ：8pt) を設定しましょう。

⑯ 上下各表の1列目に塗りつぶしの色 "白、背景1、黒 ＋ 基本色5％" を設定しましょう。

⑰ 上下各表の外枠の罫線を1.5ptの太さに設定しましょう。

⑱ "施設記入欄" の下の行に8列1行の表を挿入し、次のように文字を入力しましょう。

| 管理↵番号 | | 受付↵担当 | | 入力↵担当 | | 施設↵長 | |
|---|---|---|---|---|---|---|---|

⑲ この表内の文字列に次の書式を設定しましょう。

□ フォントサイズ：9pt　　　配置：セルの中心を基準に文字列を配置　　　行間：固定値12pt

⑳ この表の行の高さを12mmに変更しましょう。

【終了】[Word&Excel課題集_2021] フォルダー内の [保存用] フォルダーに「問題3施設利用申込書完成」という名前で保存して、文書を閉じましょう。

自分のこれまでの職務経歴をまとめた書類が職務経歴書です。履歴書だけでは書ききれない具体的な職務内容や役職などを記載して自分をアピールします。就職活動に使う書類だけに綺麗なレイアウトが必須です。

■ 完成例（1ページ目）

職務経歴書

令和●年3月10日
佐藤□花子
●●市●●町●丁目●-●
090-XXXX-XXXX

**■志望動機**

　私は前職では保育園事務の仕事に携わっておりましたが父の介護のため退職しました。介護を行うなかで強く実感したのは介護業務の重要性です。私自身、施設や職員の皆様の支えのおかげで介護と家族の生活のバランスを保つことができました。

　この経験を契機に、自分も利用者様、ご家族様の力になれればと考えるようになり、介護の仕事に就きたいと思うようになりました。

　未経験ではございますが、資格経験問わずという貴法人の求人を拝見し、応募させていただいた次第です。

**■職務経歴**

昭和●年●月～平成●年●月□株式会社ミドリ事務販売□事務職（正社員）

（法人概要）　→　事務用品・OA機器販売、従業員数80名

（職務内容）　→　事務処理、電話対応、来客対応、商品受発注、在庫・倉庫管理
　　　　　　　　営業部署サポート、レジ金・売上計算

平成●年●月～令和●年●月□もりのき保育園□保育事務（正職員）

（園概要）　　→　社会福祉法人森の木会□職員数50名□園児数100名

（職務内容）　→　電話対応、給与計算、職員勤怠・社会保険管理、経理会計入力
　　　　　　　　社内外文書作成、自園ホームページ更新、保育補助、その他雑務

**■取得資格**

平成●年●月　→　日本商工会議所主催□簿記検定3級合格

令和●年●月　→　Microsoft Office Specialist（MOS）Excel スペシャリスト合格

令和●年●月　→　Microsoft Office Specialist（MOS）Word スペシャリスト合格

**■経験・スキル**

　前職では、職員、園児、保護者、園児の祖父母、地域住民の方々など、さまざまな立場の方のご要望に応じたり、お話をまとめたり、協力したりして仕事を進めていく必要がありました。その中で柔軟なコミュニケーション能力が身に付いたと考えております。

・1・/・2・

11

■ 完成例(2ページ目)

　　　また業務上パソコンを使用することも多く、Word・Excel を利用した日常的なパソコン操作は問題なく行えるかと思います。保存したデータファイルの管理も自分で行っていたためファイル操作についてもひと通り理解しております。

■自己PR

　　　職務としては未経験でありますが、父の介護を経験しておりますので介護の大変さや厳しさは理解しているつもりです。一方で、自分の身をもって介護業務の必要性を知ったことで、やりがいも強く感じております。

　　　前職は事務職ではありましたが、園児の相手をすることも多く、体力面で職場に迷惑をかけないようにとジョギングや体操は日課として続けてまいりました。また膝や腰に負担がかかる姿勢を取ることも多かったため筋力トレーニングも行っていました。陸上部に所属していた学生時代から断続的ではありますが運動は続けており、体力には自信があります。

　　　未経験ではありますが、早くお役に立てるよう全力で取り組みますので何卒よろしくお願いいたします。

① 1行目に次の書式を設定しましょう。

　　□ フォント：游明朝 Demibold　　フォントサイズ：14pt　　中央揃え

② 2行目〜5行目の段落を "右揃え" に設定しましょう。

③ 6行目に次の書式を設定しましょう。

　　□ フォント：游ゴシック　　太字　　段落前：1行

④ ③で設定した書式を、"■職務経歴"、"■取得資格"、"■経験・スキル"、"■自己PR" の段落にコピーしましょう。

　ヒント　書式のコピー /貼り付け機能を利用します。

⑤ 7行目〜13行目に、次のインデントを設定しましょう。

　　□ 左インデント：3字

　　□ 最初の行：字下げ1字

⑥ ⑤で設定した書式を、1ページ目の28行目（前職では〜）から2ページ目の2行目（〜理解しております。)の段落と、2ページ目の4行目（職務としては〜）から12行目（〜お願いいたします。)の段落にコピーしましょう。

⑦ 1ページ目の15行目〜22行目に、次のインデントを設定しましょう。

　　□ 左インデント：3字

　　□ 最初の行：ぶら下げ8字

⑧ ⑦で設定した書式を、1ページ目の24行目〜26行目にコピーしましょう。

⑨ ページの下部に、次のページ番号を挿入しましょう。

　　□ X/Yページ　太字の番号3

【終了】[Word&Excel課題集_2021] フォルダー内の [保存用] フォルダーに「問題4職務経歴書完成」という名前で保存して、文書を閉じましょう。

ペット、家族、趣味の写真をまとめて文書にしておけば、記録にもなりますし思い出としても残ります。お子さんやお孫さんの成長記録をまとめてプレゼントするのもいいかもしれません。

■ 完成例（1ページ目）

**『ふうたくんが来た日』**

2016年6月28日の朝、出勤しようと駐車場へ向かうと車のほうからか細い鳴き声が……。どこで鳴いているのかしばらく探すも見当たらず。ひょっとしてと車のボンネットを開けるとそこには小さな子猫が……。それがふうたくんとの出会いでした。捨てられたのか？迷い込んだのか？あまり元気のない様子のその子猫をあわてて家へと連れ帰り、ちょうど休日で家にいた家内に託してとりあえず出勤。仕事中も気になって合間にメールをすると、ありがたいことに家内が動物病院へ連れて行ってくれたとのこと。その日は夜泣きがひどくて家族みんなで心配したものでした。獣医さんが言うには、新しい環境

に慣れにくい子かもということでしたが、2日目3日目と時間が経つうちにだんだんと慣れてきてくれました。今ではすっかり我が家の王様ですね（笑）。

**『ふうたくんの1日』**

ふうたくんの朝の日課は私の足に噛みついて私を起こすこと(^^)ちょっと痛いけどかまってほしい（ご飯が欲しい）気持ちの表れかなと思うとかわいくて許してしまう駄目な飼い主です。その後は、じーっと窓から外を見ているけど、自分の縄張りをパトロールしている気なのかな？（笑）昼間はどうやら家内のベッドでゴロゴロしているご様子。
私が仕事から帰ってくるのは夜の7時前。ふうたくんは玄関でお出迎え。ご飯ちょうだいと一声鳴きます（笑）。だから帰宅後はまずふうたくんの

ご飯の支度。我々のご飯はそのあとで……。夜寝るときはたまに私の布団にも来てくれますが、でも本当に気まぐれです。
最近は忙しくてあんまり遊んであげられてないけど、ご飯をあげるときだけじゃなくて、もっと甘えに来てほしいなと思う飼い主です。

■ 完成例（2ページ目）

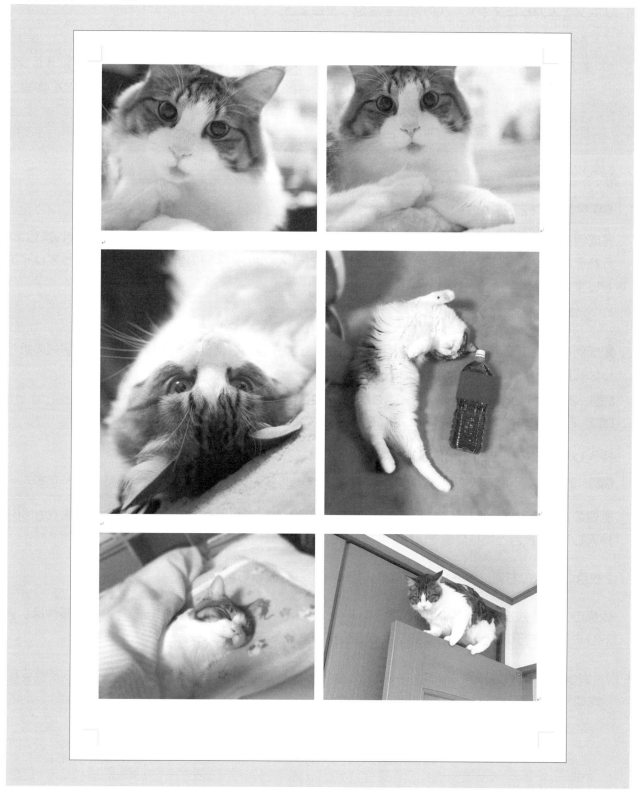

【準備】Wordを起動し、[Word&Excel課題集_2021] フォルダー内のファイル「ペットライブラリー（入力）」を開きましょう。

① ページ上部のリボン状の図形の中に文字列「ふうたくんライブラリー」を入力しましょう。

> ヒント 連続するひらがなを入力したときなどに赤い波線が表示されることがありますが、これはWordの入力チェック機能によるものです。印刷はされませんのでそのままでも問題ありませんが、気になる場合は赤い波線の箇所を右クリックして [無視] をクリックします。

② リボンに入力した文字列に次の書式を設定しましょう。

□ フォント：HGS創英角ポップ体　　フォントサイズ：30pt

□ 文字の効果と体裁：塗りつぶし：白：輪郭：オレンジ、アクセントカラー2：影（ぼかしなし）：オレンジ、アクセント カラー2（書式の名称は異なる場合があります。完成例などを参考にして同様のものを設定してください）

③ 完成例を参考に文書の1ページ目に4枚の画像（cat01・cat02・cat03・cat04）を挿入しましょう。それぞれ必要に応じてトリミングとサイズ調整を行い、次の文字列の折り返し設定を行ってレイアウトしましょう。

□ 文字列の折り返し：四角形

④ 完成例を参考に文書の2ページ目に画像（cat05）を挿入しましょう。挿入した画像の文字列の折り返しは初期設定である "行内" のままにしましょう。

> ヒント 2ページ目が無い場合は、1ページ目の最終行で改行して2ページ目を作成してください。

> ヒント 行内以外になっている場合は、行内に設定し直してください。

⑤ 挿入した画像の幅を90mmに設定しましょう。

> ヒント 90mmに設定しても、89.99mmなど小数点を含む値になることがありますがそのまま進めてください。

⑥ 画像の右側にカーソルを移動し、空白文字を1文字入力しましょう。その位置に次の画像（cat06）を挿入して、1枚目と同様に幅を90mmに設定しましょう。

⑦ 2枚目の画像の右側にカーソルを移動し、Enterキーで改行しましょう。

⑧ 同様の方法で残りの画像（cat07・cat08・cat09・cat10）も挿入しましょう。最後の画像は、適宜トリミングを行い2ページに収まるように調整しましょう。

【終了】[Word&Excel課題集_2021] フォルダー内の [保存用] フォルダーに「問題5ペットライブラリー完成」という名前で保存して、文書を閉じましょう。

▶ 図形の描画 / 図の塗りつぶし / 画像の挿入 / 文字列の折り返し（背面） / 表の挿入・編集

自由なサイズのラベルを作りたいときは自分でカットするタイプのラベルシートを利用するとよいでしょう。はじめにレイアウト用の表を作成し、そこへ文字や画像を配置します。印刷後、ハサミやカッターでカットする際は表の罫線をガイドにするとよいでしょう。

■ 完成例

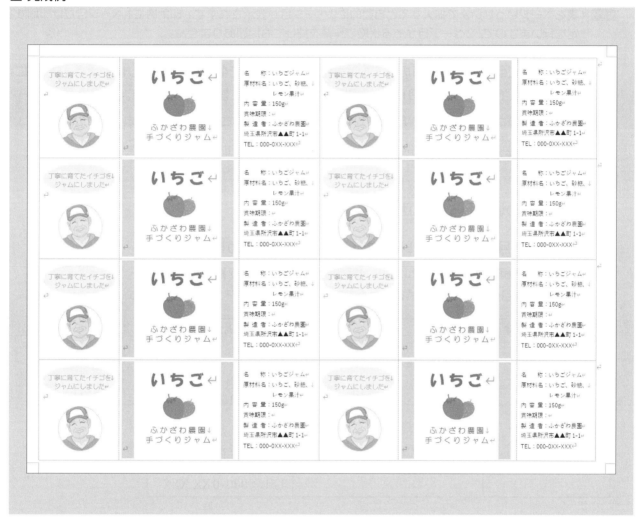

① 次のようにページを設定しましょう。

  □ 用紙サイズ：A4　　印刷の向き：横　　上下左右の余白：5mm（設定できない場合は設定可能な最小値）

② 6列4行の表を挿入しましょう。

③ 表の高さをページいっぱいになるように調整しましょう。

  ヒント 表の右下に表示されるサイズ変更ハンドルを使用すると簡単に表のサイズの調整ができます。

  ヒント 表をページいっぱいまで拡大すると自動的に2ページ目が表示されます。印刷時に1ページ目だけ印刷する設定を行いますので、2ページ目がある状態で作業を続けても問題ありません。

④ 表の1列目の幅を40mm、2列目の幅を60mm、3列目の幅を40mmに設定しましょう。同様に4列目の幅を40mm、5列目の幅を60mm、6列目の幅を40mmに設定しましょう。

  ヒント ページ内に表が収まりきらない場合は、幅のサイズを指示より小さく設定してもかまいません。

⑤ 表の罫線の書式を次のように設定しましょう。

  □ 全体の罫線 ……　灰色、アクセント3

  □ 2列目の左右の境界線、5列目の左右の境界線 ……　線なし

⑥ 表の1行目の1列目～3列目のセルに、次のように文字列を入力しましょう。

  ヒント ↵の箇所は段落内改行です。Shiftキーを押しながらEnterキーを押します。

  ヒント 1列目と2列目の最後の空白行は後にセルをコピーしたときレイアウトを崩れなくするために必要です。

| 丁寧に育てたイチゴを↵<br>ジャムにしました↵<br><br>↵ | いちご↵<br>ふかざわ農園↵<br>手づくりジャム↵<br><br>↵ | 名称：いちごジャム↵<br>原材料名：いちご、砂糖、↵<br>レモン果汁↵<br>内容量：150g↵<br>賞味期限：　↵<br>製造者：ふかざわ農園↵<br>埼玉県所沢市▲▲町<br>1-1↵<br>TEL：000-0XX-XXX |
|---|---|---|

⑦ 表内の以下の箇所に、次のように書式を設定しましょう。

  □ 1列目 "丁寧に育てたイチゴをジャムにしました"
    フォント：HG丸ゴシックM-PRO　　フォントサイズ：9pt　　フォントの色：緑
    行間：固定値12pt　　段落前：1行　　中央揃え

  □ 2列目 "いちご"
    フォント：HGS創英角ポップ体　　フォントサイズ：22pt　　フォントの色：濃い赤
    文字間隔：広く2.5pt　　段落前：0.5行　　中央揃え

  □ 2列目 "ふかざわ農園手づくりジャム"
    フォント：HG丸ゴシックM-PRO　　フォントの色：濃い赤　　文字間隔：広く1.5pt
    行間：固定値13pt　　段落前：2.5行　　中央揃え

□ 3列目のすべての文字列 "名称：いちごジャム～ TEL：000-0XX-XXX"

　　フォント：游ゴシック　　フォントサイズ：8pt　　行間：固定値14pt

⑧ 表の3列目 "名称"、"内容量"、"製造者" の文字列に4字の均等割り付けを設定しましょう。

⑨ 表の3列目 "原材料名" の段落に5字のぶら下げインデントを設定しましょう。

⑩ 表の3列目の文字列をセルの左中央を基準に配置しましょう。

⑪ 表の2列目のセルに画像「イチゴ.jpg」を挿入し、文字列の折り返しを "前面" に設定して、完成例を参考にサイズや位置を調整しましょう。

⑫ 表の2列目のセルの左側に図形 "正方形/長方形" を使って長方形を1つ描画し、以下の書式設定をした後でコピーして右側に配置しましょう。

□ 塗りつぶしの色：薄い緑　　枠線の色：なし

ヒント 図形のコピー（複製）はCtrlキーを押しながら図形をドラッグすることで行えます。

⑬ 表の1列目のセルの "丁寧に育てたイチゴをジャムにしました" の文字列を覆うように、図形 "楕円" を描画し、次のように書式設定しましょう。

□ 塗りつぶしの色：オレンジ、アクセント2、白 ＋ 基本色80％　　枠線の色：なし

⑭ ⑬で描画した楕円の文字列の折り返しを "背面" に設定しましょう。

ヒント 文字列の折り返しを "背面" に設定することで、隠れていた文字列が見えるようになります。

⑮ 図形 "楕円" を使って縦横の大きさが等しい正円を描画し、次のように書式設定し、配置しましょう。

□ 塗りつぶし：図「似顔絵.jpg」　　枠線の色：薄い緑

ヒント 正円を描画するには、描画時にShiftキーを押しながらドラッグします。

ヒント 図形の塗りつぶしには色だけでなく、画像（図）を使うこともできます。

⑯ トリミング機能を利用して、⑮の正円の塗りつぶしの図のサイズや位置などを微調整しましょう。

⑰ ここまで作成したセルの内容をコピーして、残りの7面に貼り付けましょう。

⑱ 印刷プレビュー画面を表示し、1ページ目だけを印刷する設定を行いましょう。印刷環境が整っている場合は実際に印刷を実行してみましょう。

【終了】[Word&Excel課題集_2021] フォルダー内の [保存用] フォルダーに「問題6 ホームメイド商品のラベル完成」という名前で保存して、文書を閉じましょう。

▶ 図形の描画 / テキストボックスの描画 / 吹き出しの描画 / 改ページの挿入

始末書や顛末書などは作り方を聞くのも気を遣う書類の1つです。ここでは文章にプラスして説明図が必要なシーンを想定して作成します。

■ 完成例

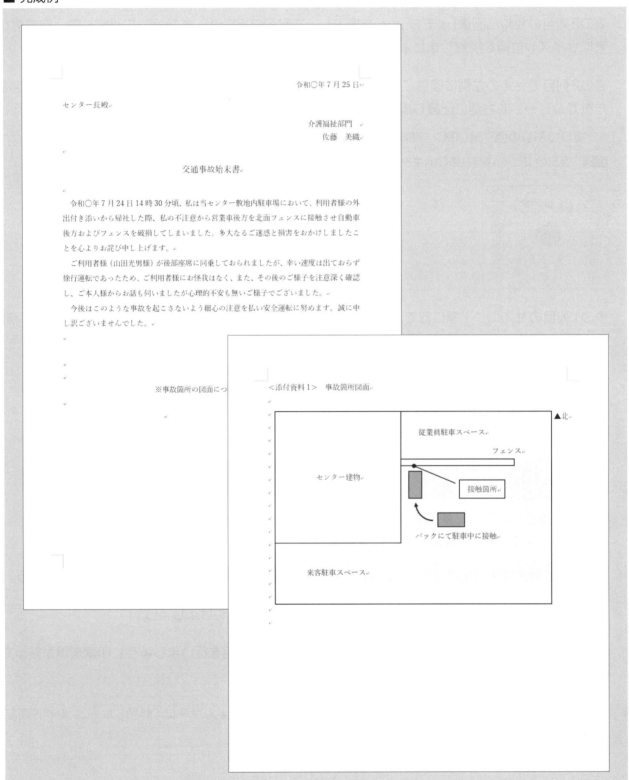

令和○年7月25日

センター長殿

介護福祉部門
佐藤　美織

交通事故始末書

　令和○年7月24日14時30分頃、私は当センター敷地内駐車場において、利用者様の外出付き添いから帰社した際、私の不注意から営業車後方を北面フェンスに接触させ自動車後方およびフェンスを破損してしまいました。多大なるご迷惑と損害をおかけしましたことを心よりお詫び申し上げます。
　ご利用者様（山田光男様）が後部座席に同乗しておられましたが、幸い速度は出ておらず徐行運転であったため、ご利用者様にお怪我はなく、また、その後のご様子を注意深く確認し、ご本人様からお話も伺いましたが心理的不安も無いご様子でございました。
　今後はこのような事故を起こさないよう細心の注意を払い安全運転に努めます。誠に申し訳ございませんでした。

※事故箇所の図面につ

＜添付資料1＞　事故箇所図面

▲北

従業員駐車スペース

フェンス

センター建物

接触箇所

バックにて駐車中に接触

来客駐車スペース

① 1ページ目の最終行に改ページ（ページ区切り）を挿入しましょう。

② 2ページ目の1行目に「＜添付資料1＞　事故箇所図面」と入力しましょう。その後、複数行改行しておきましょう（③以降の図形を描画しやすくするためです）。

③ 図形"正方形/長方形"を使って、敷地全体を表す大きな四角形を描画しましょう（高さ94mm、幅140mm程度）。描画後、次のように書式を設定しましょう。位置は完成例を参考にしましょう。

　□ 塗りつぶしの色：白、背景1、黒＋基本色5％　　　枠線の色：黒、テキスト1

④ テキストボックスを描画して（高さ63mm、幅63mm程度）、内部に"センター建物"と入力しましょう。描画後、次のように書式を設定しましょう。位置は完成例を参考にしましょう。

　□ 塗りつぶしの色：白、背景1　　　文字の配置：上下中央揃え　　左右中央揃え

⑤ 図形"正方形/長方形"を使って、フェンスを表す四角形を描画しましょう（高さ3mm、幅57mm程度）。次のように書式を設定し、完成例を参考に位置を調整しましょう。

　□ 塗りつぶしの色：白、背景1　　　枠線の色：黒、テキスト1

⑥ 図形"正方形/長方形"を使って、車を表す四角形を1つだけ描画しましょう（高さ7mm、幅13mm程度）。次のように書式を設定し、完成例を参考にサイズ、位置を調整しましょう。

　□ 塗りつぶしの色：青、アクセント5　　　枠線の色：黒、テキスト1

⑦ ⑥で描画した四角形をコピー（複製）して、90度回転しましょう。位置は完成例を参考にしましょう。

⑧ 図形"円弧"を使って、車の移動軌跡を表す曲線を描画しましょう（高さ17.5mm、幅17.5mm程度）。次のように書式を設定し、完成例を参考に回転角度、位置を調整しましょう。

　□ 枠線の色：黒、テキスト1　　　太さ：1.5pt　　　矢印：矢印スタイル5

⑨ 図形"吹き出し：線"を使って、"接触箇所"の吹き出しを描画しましょう（高さ9mm、幅22mm程度）。次のように書式を設定し、完成例を参考に引き出し線、位置を調整しましょう。

　□ 塗りつぶしの色：白、背景1　　　枠線の色：黒、テキスト1　　　終点矢印の種類：円形矢印

　□ フォントの色：黒、テキスト1

⑩ テキストボックスを描画して、内部に"来客駐車スペース"と入力しましょう（サイズは入力した文字列が収まる程度）。次のように書式を設定し、完成例を参考に位置を調整しましょう。

　□ 塗りつぶしの色：なし　　　枠線の色：なし

⑪ ⑩と同様の方法で、"従業員駐車スペース"、"フェンス"、"バックにて駐車中に接触"、"▲北"のテキストボックスを描画し、それぞれ完成例の位置を参考に配置しましょう。

【終了】［Word&Excel課題集_2021］フォルダー内の［保存用］フォルダーに「問題7始末書完成」という名前で保存して、文書を閉じましょう。

▶ 段落番号の挿入 / リストのレベルの変更 / 箇条書き・行頭文字の挿入 / 文書作成中のページ設定

議事録は会議の内容をまとめた書類のことです。話し合った事柄を記録として残し、情報を共有することが目的です。箇条書きや段落番号を利用して見やすくまとめるのが作成のコツです。

■ 完成例

**令和 5 年度□第 1 回□鳩ノ里町内会班長会議□議事録**

令和 5 年 4 月 5 日 (水)

書記□飯島□義弘

日　　時□□令和 5 年 4 月 5 日 (水) □午後 6 時 00 分〜午後 8 時 00 分

場　　所□□□鳩ノ里公民館

出　席　者□□□20 名 (役員 4 名□班長 16 名)

議　　事

1.→ 会長挨拶 (要旨)

　　　昨今は本地域でもますます高齢化が進み、昨年度も開催を危ぶまれる定例行事がございましたが、町内の皆様のご協力でなんとか例年どおり実施することができました。ご協力感謝いたします。また近頃は予期せぬ自然災害が増加しております。今後はますます防災に力を入れ、住民同士が助け合い安心して居住できる地域づくりを目指していく必要があると考えます。

2.→ 役員挨拶 (副会長・書記・会計)

3.→ 各班長自己紹介

4.→ 議事内容

(ア) 市の配布物・回覧板の回覧について

➢→ 毎月 1 日 (土日の場合は翌月曜日) 18 時から 19 時の間に公民館まで班長が取りに行き、当日または翌日中に各戸へ配布する。
回覧板は最後に班長宅へ戻る順番で回覧し、次回まで班長宅で保管する。

➢→ 1 班の班長より、仕事で 19 時までに帰宅できないことが多いため公民館の郵便受けに配布物を置いておくなどの対応ができないかという提案あり。次回の会議で会長より返答予定。

(イ) ゴミステーションの設置の検討

➢→ カラスや猫によるゴミ漁りの被害を軽減するため、ゴミステーションを各班に順次設置し、現状のゴミネットから移行していく。

➢→ 現在被害の多い 6 班から設置することを会長より提案。全員賛成により承認。

(ウ) 街路灯の LED 化について

➢→ 昨年より町内街路灯の LED 化を順次進めており、本年度は 3 班、4 班が対象。

(エ) 町内清掃活動について

➢→ 4 月 23 日 (日) 午前 7 時 30 分より町内清掃活動を実施。詳細については別紙を参照。

➢→ 本年度より参加者チェックを行うことを会長より提案。全員賛成により承認。

以上

【準備】Wordを起動し、[Word&Excel課題集_2021] フォルダー内のファイル「議事録（入力）」を開きましょう。

① "会長挨拶（要旨）"の下の段落（10行目〜14行目）に4文字分の左インデントを設定しましょう。

② 以下の行をすべて選択した状態で "1. 2. 3." の段落番号を設定しましょう。

   □ 9行目 "会長挨拶（要旨）"

   □ 15行目 "役員挨拶（副会長・書記・会計）"から、32行目 "本年度より参加者チェックを"までのすべての段落。

③ 以下の行の "リストのレベル" を1レベル下げましょう。

   □ 18行目 "市の配布物・回覧板の回覧について"

   □ 25行目 "ゴミステーションの設置の検討"

   □ 29行目 "街路灯のLED化について"

   □ 31行目 "町内清掃活動について"

   ヒント　リストのレベルを1レベル下げると段落番号が（ア）に変化します。

④ 以下の行の "リストのレベル" を2レベル下げましょう。

   □ 19行目〜24行目 "毎月1日〜返答予定"

   □ 26行目〜28行目 "カラスや猫〜全員賛成により承認"

   □ 30行目 "昨年より〜が対象"

   □ 32行目〜33行目 "4月26日〜全員賛成により承認"

   ヒント　リストのレベルを2レベル下げると段落番号が ① ② に変化します。また、③の操作で（ア）と表示されていた段落が上から順に（ア）（イ）（ウ）と変化します。

⑤ ④でリストのレベルを変更した行の段落番号を "➤" の行頭文字に変更しましょう。

⑥ 5行目〜8行目の "日時"、"場所"、"出席者"、"議事" の文字列に4文字の均等割付を設定しましょう。

   ヒント　"議事"は文字列のすぐ後ろにある段落記号（改行マーク）を選択しないように気を付けます。

⑦ 1行目の書式を以下のように設定しましょう。

   □ フォントサイズ：12pt　　太字　　中央揃え

⑧ 1行目のフォントサイズを調整したことで行間が広がり、文書が1ページに収まらなくなりました。上余白のサイズを "30mm" に調整して文書全体が1ページに収まるように設定しましょう。

   ヒント　上余白を変更しても1ページに収まらない場合は、上下の余白を少しずつ減らして調整しましょう。

【終了】[Word&Excel課題集_2021] フォルダー内の [保存用] フォルダーに「問題7 議事録完成」という名前で保存して、文書を閉じましょう。

▶ 図形の描画 / テキストボックスの描画 / 図形の整列 / 図形のグループ化 / アイコンの挿入 / ワードアートの挿入

祝賀会、結婚式、懇親会などを催す際に、座る位置を記したものが席次表です。ほぼ図形とテキストボックスで作成するため、場所の移動や入れ替えなどはあとからでもドラッグ操作で簡単に行えます。

■ 完成例

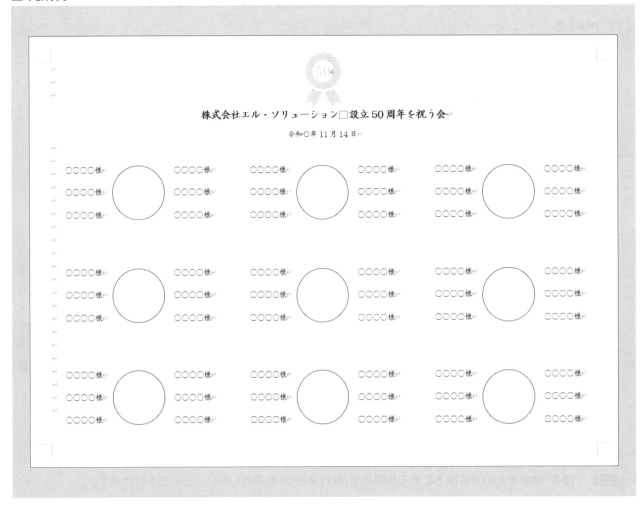

**【準備】**Wordを起動し、新規文書を作成しましょう。

① 次のようにページを設定しましょう。

　□ 用紙サイズ：A4　　印刷の向き：横　　余白：狭い

② 次の文章を入力しましょう。さらに、このあとの図形の操作が行いやすいように、「令和○年11月14日」以下には複数行の空白行を設けておきましょう。

> ↵
> ↵
> ↵
> 株式会社エル・ソリューション　設立50周年を祝う会↵
> 令和○年11月14日↵

③ 4行目 "株式会社エル・ソリューション　設立50周年を祝う会" に、次の書式を設定しましょう。

　□ フォント：HG正楷書体-PRO　　フォントサイズ：14pt　　太字　　中央揃え

④ 5行目 "令和○年11月14日" に、次の書式を設定しましょう。

　□ フォント：HG正楷書体-PRO　　中央揃え

⑤ 図形 "楕円" を使って、テーブルを表す正円を1つ描画しましょう(高さ・幅：26mm程度)。描画後、次のように書式を設定しましょう。

　□ 塗りつぶしの色：白、背景1　　枠線の色：黒、テキスト1

⑥ テキストボックスを1つ描画して "○○○○様" と入力しましょう。テキストボックスの書式は次のように設定しましょう。

　□ 塗りつぶしの色：なし　　枠線の色：なし　　フォント：HG正楷書体-PRO

⑦ ⑥で描画したテキストボックスをコピー(複製)してテーブルを囲むように6つ配置しましょう。

⑧ テーブルを挟んで左側の3つのテキストボックスの左端が揃うように整列しましょう。また、上下に整列させて均等の間隔に整列しましょう。同様に右側の3つのテキストボックスも整列しましょう。

⑨ ここまで描画した正円と6つのテキストボックスをすべて選択してグループ化しましょう。

⑩ グループ化した図形をコピー(複製)して、全部で9セットになるようにしましょう。

⑪ コピーした9セットのグループ図形を整列機能を使ってきれいに配置しましょう。

⑫ 次のアイコンを文書の上部に挿入しましょう。文字列の折り返しは "前面" を設定します。

ヒント　このアイコンはキーワード "お祝い" で検索して探してください。同じアイコンが見つからない場合は他のアイコンを挿入してください。

⑬　挿入したアイコンに "塗りつぶしの色：ゴールド、アクセント4" の書式を設定しましょう。

⑭　1行目に "塗りつぶし：ゴールド、アクセント カラー4；面取り（ソフト）" のワードアートを挿入し、「50」と入力しましょう。文字のサイズは適宜調整しましょう。

⑮　アイコンとワードアートを組み合わせてグループ化しましょう。

【終了】［Word&Excel課題集_2021］フォルダー内の［保存用］フォルダーに「問題9祝賀会席次表完成」という名前で保存して、文書を閉じましょう。

---

知りたい　塗りつぶしなしの図形やテキストボックスを移動するときのコツ

図形は通常、図形内にマウスを合わせてドラッグすることで移動できますが、塗りつぶしの色を "なし" にした図形やテキストボックスは図形内をドラッグしても移動できなくなります。これらの図形を移動するには、図形の枠線にマウスを合わせてドラッグします。

また、枠線をクリックして図形を選択し、キーボードのカーソルキー（矢印キー）を押すことで、細かく移動することもできます。位置を微調整したいときはマウスよりもこちらの操作が便利です。

▶ 見出しレベル設定 / 見出しスタイルの更新 / 段落の網かけ / 段組み

自分の半生を振り返って記す自分史。自分を客観的に見つめなおすことができ、今まで気づいていなかった魅力に気づける、これからの目標を見出すことができるなどの理由で作る人が増えています。

■ 完成例（1ページ目）

## 自分史

### ～誕生・幼年期・少年期～

昭和23年5月16日　午後5時18分　父：温人、母：幸子の長男として岐阜県岐阜市に生まれる。体重は3450ｇ。人に信頼されるようにと願いを込めて「信人」と名付けられた。昭和25年10月5日には妹：舞子が生まれた。小さい頃は友達と遊ぶときもよく妹を連れていったそうだ。

昭和29年4月　山崎第一小学校に入学。大人しい性格で読書と自然観察が好きな子供だった。

昭和35年4月　山崎南中学校に入学。卓球部に所属するもの一向に上達せず悔しい日々を過ごした。また勉学においても暗記科目が苦手で国語以外は散々な成績であった。

### ～青年期～

昭和38年4月　山崎高校に入学。テニス部に入部。結果は振るわなかったが身体を動かすことが好きになった。2年生のときの文化祭ではクラス一丸となって取り組んだお化け屋敷が大盛況であった。

昭和41年4月　倉坂学院大学　文学部に入学。在学中に和菓子店でアルバイトを始めたことが自分の人生を決定づけた。それまではただ甘い菓子という和菓子への印象が、店に並んだ菓子の季節感、繊細さに触れ一変する。さらに和菓子職人の職人技に心酔し和菓子を見るのも食べるのも好きになる。このころ和菓子職人になることを心に決める。

### ～就職・壮年期～

昭和45年4月　金沢の和菓子店「あづま」に就職。2年間の下働きと見習いを経て和菓子職人としての修業を始める。それでも数年間は先輩の手伝いばかりであった。ようやく仕込みや菓子作りに携われたのは入社5年目の頃であったと記憶している。茶菓子なども任されるようになり数年、得意先の茶道教室から特別な茶会で用いる創作菓子の依頼があり苦心しながら取り組んだ。この菓子が評判を呼び、ようやく自分の仕事に少し自信を持てるようになる。

昭和50年11月22日　職場の同僚であった和江と結婚。新婚旅行は北海道。

昭和52年12月17日　長女　美帆誕生。昭和54年6月2日には長男　聡が誕生。二人ともすくすくと育ち充実した毎日を送る。

### ～中年期～

平成元年10月　独立し地元に和菓子店「葵山」を開店。まったく利益の出ない1年間を過ごす。修業時代の貯蓄も底をつきかけた頃、ようやく地元の人に認知されはじめたのか僅かずつではあるものの売り上げが上がりだす。平成5年には品評会で最優秀賞を受賞したこともあり、売り上げが安定し経営も軌道に乗った。そこから数年間は安定した営業を続けたが、近所にチェーン店の和菓子屋が開店、またコンビニでも和菓子が販売されたことから徐々に売り上げが下がりはじめる。そこからはアルバイトを雇わず家族だけで地道に営業を続ける。平成12年ごろから茶会で用いる菓子の依頼が増えたことや、地元スーパー・販売店に商品を並べてもらえる機会が増え、売り上げが回復する。

平成14年6月10日　長女結婚。翌15年10月5日には初孫香帆が産まれる。

平成20年　京都で和菓子の修業をしていた長男が帰ってきて店を手伝い始める。

### ～高年期～

平成29年　長男に店を継がせ引退。今も手伝いはするが営業については長男に任せている。妻との散歩やテレビ鑑賞が専らの日課。

① 次の箇所に以下の見出しスタイルを設定しましょう。

　　□ 1行目 "自分史" 　　　　　　　　　…… 見出し1

　　□ 2行目 "〜誕生・幼年期・少年期〜" 　…… 見出し2

　　□ 9行目 "〜青年期〜" 　　　　　　　　…… 見出し2

　　□ 16行目 "〜就職・壮年期〜" 　　　　　…… 見出し2

　　□ 25行目 "〜中年期〜" 　　　　　　　　…… 見出し2

　　□ 35行目 "〜高年期〜" 　　　　　　　　…… 見出し2

② 1行目 "自分史" に次の書式を設定しましょう。

　　□ フォント：HGS創英角ゴシックUB　　フォントサイズ：14pt　　フォントの色：白、背景1

　　□ 段落の網かけ：背景の色 "ブルーグレー、テキスト2"　　中央揃え　　段落後：1行

③ ②で書式を設定した1行目の段落をもとに、見出しスタイル1の書式を更新しましょう。

④ 2行目 "〜誕生・幼年期・少年期〜" に次の書式を設定しましょう。

　　□ 太字　　中央揃え　　段落前：0.5行　　段落後：0.5行　　段落を囲む罫線（外枠）

⑤ ④で書式を設定した2行目の段落をもとに、見出しスタイル2の書式を更新しましょう。

　　ヒント　スタイルの書式を更新すると、同じスタイルを適用しているすべての箇所の書式が変更されます。

⑥ 2行目 "〜誕生・幼年期・少年期〜" から2ページ目の "テレビ鑑賞が専らの日課" の段落を2段組みに設定しましょう。

【終了】[Word&Excel課題集_2021] フォルダー内の [保存用] フォルダーに「問題10自分史本文完成」という名前で保存して、文書を閉じましょう。

# Word　11 町内地図

▶ 色付きの囲み線 / 箇条書き / タブ設定 / 図形への書式のコピー貼り付け / 描画後の図形変更 / フリーフォームの描画

一般的な地図だけでは分かりにくい場合、周辺の道路や建物を詳しく書いた地図を添えることはよくあります。図形 "フリーフォーム" を使うことで自由な形の図形を描画できます。

■ 完成例

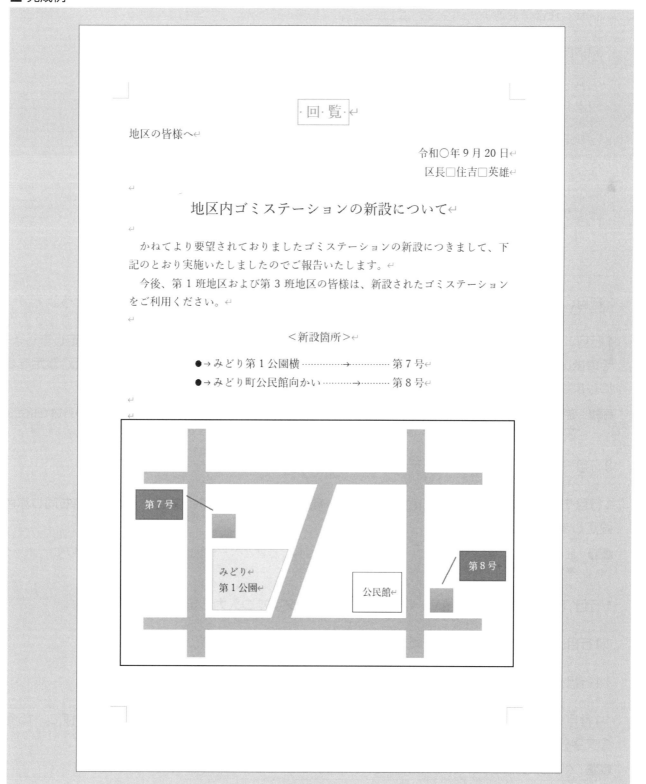

① 次の文章を入力しましょう。

> **ヒント** ↵は段落記号（改行）、□は全角の空白を表します。・は半角の空白を表します。

```
回・覧↵
地区の皆様へ↵
令和○年9月20日↵
区長□住吉□英雄↵
↵
地区内ゴミステーションの新設について↵
↵
かねてより要望されておりましたゴミステーションの新設につきまして、下記
のとおり実施いたしましたのでご報告いたします。↵
今後、第1班地区および第3班地区の皆様は、新設されたゴミステーションを
ご利用ください。↵
↵
＜新設箇所＞↵
みどり第1公園横第7号↵
みどり町公民館向かい第8号↵
↵
↵
```

② 3行目、4行目を右揃えしましょう。また、1行目、6行目、13行目を中央揃えしましょう。

③ 1行目、6行目のフォントサイズを16ptに、その他の行のフォントサイズを12ptに設定しましょう。その後、すべての行を選択して "1ページの行数を指定時に文字を行グリッド線合わせる" 設定をオフにしましょう。

> **ヒント** 游明朝フォントではフォントサイズを変更すると自動的に行間が広がりますが、"1ページの行数を指定時に文字を行グリッド線合わせる" 設定をオフにすると標準的な行間に戻すことができます。

④ 8行目〜11行目に、字下げインデント1字を設定しましょう。

⑤ 1行目 "回覧" の文字に "標準の色：赤" の囲み線を設定しましょう。またフォントの色も同じ赤色に設定しましょう。

> **ヒント** 囲み線の色は ［囲み線］ ボタンからは変更できません。線種とページ罫線と網かけの設定ダイアログボックスを利用します。

⑥ 1行目 "回 覧" の文字の前後に、半角の空白文字を1文字ずつ入力しましょう。

⑦ 14行目〜15行目に、"●" の行頭文字の箇条書きを設定しましょう。

⑧ 14行目〜15行目に、左インデント7字を設定しましょう。

⑨ 14行目の文字列 "みどり第1公園横" と "第7号" の間にタブを1つ入力しましょう。同様に、15行目の文字列 "みどり町公民館向かい" と "第8号" の間にもタブを1つ入力しましょう。

> **ヒント** タブの入力はキーボードのTabキーで行います。

⑩ 14行目～15行目に次のタブ設定を行いましょう。

　□ タブ位置：28字　　配置：左揃えタブ　　リーダー：‥‥‥‥(5)

⑪ 文書の下半分の空いている箇所に図形"正方形/長方形"を使って、道路を表す長方形を1つ描画しましょう。描画後、次のように書式を設定しましょう。

　□ 塗りつぶしの色：白、背景1、黒 ＋ 基本色35％　　枠線の色：なし

　ヒント　正確に同位置、同サイズに描画しなくてかまいません。

⑫ 下図のように、もう一つ長方形を描画しましょう。図形の書式は変更しません。

⑬ ⑪で描画した長方形の書式を、⑫で描画した長方形にコピーしましょう。

⑭ ここまでに描画した長方形をコピー（複製）して下図のように配置しましょう。

　ヒント　水平位置、垂直位置を維持した状態でコピーしましょう。

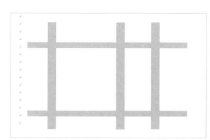

⑮ 3本の縦の長方形が均等の間隔になるように整列しましょう。

⑯ 3本の縦の長方形のうち、真ん中の長方形を回転し、下図のようにサイズ調整しましょう。

⑰　下図の位置に正円と正方形を描画し、次のテーマスタイルを適用しましょう。

　　□　テーマスタイル：“グラデーション、オレンジ、アクセント2”

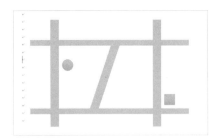

⑱　現在の書式を維持したまま、正円の図形を四角形に変更しましょう。

　　ヒント　図形の変更の機能を使用します。

⑲　2つの四角形(正方形)のサイズを高さ9mm×幅9mmに設定しましょう。

⑳　完成例を参考に、“公民館”と入力されたテキストボックスを描画しましょう。文字は水平方向、垂直方向ともに中央に配置しましょう。

㉑　図形“フリーフォーム：図形”を使用して、下図のような形の図形を描画しましょう。描画する位置は完成例を参考にしてください。描画後、書式を次のように設定しましょう。

　　□　塗りつぶしの色：緑、アクセント6、白 ＋ 基本色60％

　　□　枠線の色：緑、アクセント6　　　枠線の太さ：0.5pt

㉒　フリーフォームの図形内に「みどり↵ 第1公園」と入力しましょう。入力した文字には次の書式を設定しましょう。

　　□　フォントの色：黒、テキスト1　　　両端揃え(または左揃え)

㉓　完成例を参考に、2つの正方形を指す吹き出しを描画しましょう。

　　ヒント　1つを描画したら複製して、左右反転させると効率よく作成できます。

㉔　ここまで描画した地図を覆い隠すように大きな長方形を描画しましょう。描画後、次の書式を設定し、最背面に移動しましょう。

　　□　塗りつぶしの色：白、背景1　　　枠線の色：黒、テキスト1

㉕　すべての図形をグループ化しましょう。

　　ヒント　“オブジェクトの選択” 機能を使って、すべての図形を囲むようにドラッグすると簡単に選択できます。

【終了】[Word&Excel課題集_2021] フォルダー内の [保存用] フォルダーに「問題11町内地図完成」という名前で保存して、文書を閉じましょう。

ここまでの課題お疲れ様でした。Wordの最後の課題では自分宛ての表彰状を作りましょう。縦書き文書の編集は横書きとはまた違った感覚になります。文書の余白に飾りをつけるページ罫線も使ってみましょう。

■ 完成例

① ページを次のように設定しましょう。

　　□ 文字列の方向：縦書き　　印刷の向き：横　　上余白：40mm

　　ヒント　文字列の方向を縦書きに変更すると、印刷の向きは自動的に横置きになります。

② 次の文章を入力しましょう。

　　ヒント　縦書きと横書きでは入力の感覚に若干の違いがあります。

　　ヒント　・は半角の空白を表します。名前の箇所には自分の名前、日付の箇所には今日の日付を入力しましょう。

表彰・状↵
○○・○○・殿↵
貴方はワードのすべての課題におい
て優秀な成績を収められましたので
これを賞します↵
令和○年○月○日↵
ワード課題制作協会↵
会長　和戸太郎

③ ページの内容が全体的に中央に配置されるようにページ設定を行いましょう。

　　ヒント　ページ設定ダイアログボックスの [その他] タブ内で設定できます。

④ すべての文字列に次の書式を設定しましょう。

　　□ フォント：HG正楷書体-PRO　　太字

⑤ 以下の箇所に次の書式を設定しましょう。

　　□ 1行目 "表彰状" …… フォントサイズ：64pt　　左インデント：5字

　　□ 2行目 "○○ ○○ 殿" …… フォントサイズ：42pt　　下揃え

　　□ 3行目〜4行目 …… フォントサイズ：36pt　　段落前：2行

　　□ 7行目 "令和○年○月○日" …… フォントサイズ：30pt　　段落前：2行　　左インデント：3字

　　□ 8行目 "ワード課題集制作協会" …… フォントサイズ：30pt　　左インデント：6字

　　□ 9行目 "会長" …… フォントサイズ30pt

　　□ 9行目 "和戸太郎" …… フォントサイズ：42pt

　　□ 9行目全体 …… 下揃え

⑥ 3行目〜6行目の文字間隔を次のように設定しましょう。

　　□ 文字間隔：広く0.5pt

⑦　文書に次の設定のページ罫線を設定しましょう。

　　□　絵柄：[＿＿＿＿＿]　　　色：ゴールド、アクセント4　　線の太さ：22pt

⑧　ページ罫線の表示位置を"本文"からの距離：上30pt、下20pt、左8pt、右8ptに設定しましょう。

⑨　画像「表彰状リボン」を挿入しましょう。

⑩　挿入した画像の文字列の折り返しを"前面"に設定し、完成例を参考に配置しましょう。

　　**ヒント**　この時点ではリボンの画像がページ罫線の背面にあってかまいません。

⑪　ページ罫線を画像の背面に設定しましょう。

　　**ヒント**　初期設定ではページ罫線はすべての要素の前面に配置されます。

【終了】[Word&Excel課題集_2021] フォルダー内の [保存用] フォルダーに「問題12表彰状完成」という
　　名前で保存して、文書を閉じましょう。

---

**知** そこが
りたい　**覚えておきたい基本のショートカット10選**

主にCtrlキーを押しながら他のキーを押して機能をすばやく実行する操作を
ショートカットキーといいます。ショートカットキーを利用すると、マウスで操作
するよりも早く作業を進めることができます。

＜よく使用されるショートカットキー＞

| ・コピー | Ctrl + C |
|---|---|
| ・切り取り | Ctrl + X |
| ・貼り付け | Ctrl + V |
| ・上書き保存 | Ctrl + S |
| ・開く | Ctrl + O |
| ・新規作成 | Ctrl + N |
| ・印刷 | Ctrl + P |
| ・すべて選択 | Ctrl + A |
| ・元に戻す | Ctrl + Z |
| ・直前に行った操作の繰り返し | F4キー |

# Excel 課題

▶ データ入力 / シート名の変更 / 表示形式 / 書式設定 / 罫線 / シートのコピー / フィルコピー

予定表など、カレンダー様式の表を作るときは、翌月以降の表も作りやすいかどうかが大切になってきます。複雑な書式は控えてシンプルなつくりにすることで複製や修正がスムーズに行えます。

■ 完成例（シート"1月"）

| 日付 | 曜日 | 祝日 | 仕事 | プライベート |
|---|---|---|---|---|
| 2024年1月予定表 | | | | |
| 1月1日 | 月 | 元日 | 休み | |
| 1月2日 | 火 | | | |
| 1月3日 | 水 | | | 友人と新年会 |
| 1月4日 | 木 | | | クリーニング |
| 1月5日 | 金 | | 仕事始め | |
| 1月6日 | 土 | | | |
| 1月7日 | 日 | | | |
| 1月8日 | 月 | 成人の日 | | |
| 1月9日 | 火 | | | |
| 1月10日 | 水 | | | |
| 1月11日 | 木 | | | |
| 1月12日 | 金 | | 職場新年会 | |
| 1月13日 | 土 | | | |
| 1月14日 | 日 | | | 自治会年始会合 |
| 1月15日 | 月 | | | |
| 1月16日 | 火 | | 東京出張 | |
| 1月17日 | 水 | | 東京出張 | |
| 1月18日 | 木 | | | |
| 1月19日 | 金 | | | |
| 1月20日 | 土 | | | 演奏会 |
| 1月21日 | 日 | | | |
| 1月22日 | 月 | | | |
| 1月23日 | 火 | | | |
| 1月24日 | 水 | | | |
| 1月25日 | 木 | | | |
| 1月26日 | 金 | | | 保育参観日 |
| 1月27日 | 土 | | | |
| 1月28日 | 日 | | | 公園清掃 |
| 1月29日 | 月 | | | |
| 1月30日 | 火 | | 技能講習会 | |
| 1月31日 | 水 | | | |

この課題の表では、日付に連動して曜日を自動的に表示するしくみにしており、複製後の修正にかかる手間を軽減しています。

■ 完成例（シート"2月"）

| | A | B | C | D | E |
|---|---|---|---|---|---|
| 1 | 2024年2月予定表 | | | | |
| 2 | 日付 | 曜日 | 祝日 | 仕事 | プライベート |
| 3 | 2月1日 | 木 | | | |
| 4 | 2月2日 | 金 | | | |
| 5 | 2月3日 | 土 | | | 温泉旅行 |
| 6 | 2月4日 | 日 | | | 温泉旅行 |
| 7 | 2月5日 | 月 | | | |
| 8 | 2月6日 | 火 | | 大阪出張 | |
| 9 | 2月7日 | 水 | | | |
| 10 | 2月8日 | 木 | | | |
| 11 | 2月9日 | 金 | | | |
| 12 | 2月10日 | 土 | | | |
| 13 | 2月11日 | 日 | 建国記念日 | | |
| 14 | 2月12日 | 月 | 振替休日 | | |
| 15 | 2月13日 | 火 | | | |
| 16 | 2月14日 | 水 | | 技能審査会 | |
| 17 | 2月15日 | 木 | | | |
| 18 | 2月16日 | 金 | | | |
| 19 | 2月17日 | 土 | | | |
| 20 | 2月18日 | 日 | | | |
| 21 | 2月19日 | 月 | | | 自治会定例会議 |
| 22 | 2月20日 | 火 | | | |
| 23 | 2月21日 | 水 | | | |
| 24 | 2月22日 | 木 | | | |
| 25 | 2月23日 | 金 | 天皇誕生日 | | |
| 26 | 2月24日 | 土 | | | 生活発表会 |
| 27 | 2月25日 | 日 | | | |
| 28 | 2月26日 | 月 | | | |
| 29 | 2月27日 | 火 | | | |
| 30 | 2月28日 | 水 | | | |
| 31 | 2月29日 | 木 | | 送別会 | |
| 32 | | | | | |
| 33 | | | | | |
| 34 | | | | | |

① ワークシート名を「1月」に変更しましょう。

② 次のデータを入力しましょう。

| | A | B | C | D | E |
|---|---|---|---|---|---|
| 1 | 2024年1月予定表 | | | | |
| 2 | 日付 | 曜日 | 仕事 | プライベート | |
| 3 | 2024/1/1 | | | | |

③ A列～D列の列の幅を変更しましょう。

☐ A列：14.13　　B列：5.38　　C列：25.63　　D列：25.63

**ヒント**　上記の列の幅に設定できない場合は、近い前後の幅でかまいません。以降の問題も同様に対処してください。

④ セルA3の"2020/1/1"の表示形式を"1月1日"形式に変更しましょう。

⑤ セルB3（曜日を表示する予定のセル）に「＝A3」の数式を作成しましょう。

**ヒント**　データ長に対してセル幅が狭いため####のように表示されますが、次の⑥の操作で解消されます。

⑥ セルB3の表示形式を"aaa"に変更して、2024年1月1日に対応した曜日を表示させましょう。

⑦ セルA3～B3を選択して、セルA33～B33までフィルコピーしましょう。

⑧ B列（曜日）とC列（仕事）の間に、祝日を入力するための列を挿入しましょう。列の幅は"6.88"に設定します。セルC2に「祝日」、セルC3に「元日」、セルC10に「成人の日」と入力しておきましょう。

**ヒント**　列の挿入時、書式は左列にも右列にもあわせずクリアしておきます。

⑨ 列D～列Eに、完成例を参考にして"仕事"と"プライベート"のスケジュールを入力しましょう。

⑩ 完成例を参考に罫線（格子）を引きましょう。

⑪ 完成例を参考にセル内の文字の配置を設定しましょう（中央揃え）。

⑫ 次のように書式を設定しましょう。

☐ セルA1 …… フォントサイズ：14pt　　太字

☐ セルA2～E33 …… フォントサイズ：12pt

☐ セルA2～E2、セルA3～B33 …… 太字

☐ セルC3～C33 …… 縮小して全体を表示

⑬ 次のようにセルに塗りつぶしの色を設定しましょう。

☐ セルD2 …… 青、アクセント5、白 ＋ 基本色40％

☐ セルE2 …… ゴールド、アクセント4、白 ＋ 基本色40％

⑭　シート「1月」をコピーして、シート「2月」を作成しましょう。

⑮　シート「2月」のセルA1を「2024年2月予定表」に修正しましょう。

⑯　セルA3に入力されている「2024/1/1」の日付を「2024/2/1」に修正しましょう。修正後、セル
　　A31まで "書式なし" のフィルコピーを行いましょう。

　　　ヒント　B列に表示されている曜日は⑤で作成した数式によって自動的に変更されるため修正の必要はありません。

⑰　32行目～33行目を削除しましょう。

⑱　完成例を参考に、2月の予定を入力しましょう。

【終了】［Word&Excel課題集_2021］フォルダー内の［保存用］フォルダーに「問題13予定表完成」という
　　名前で保存して、ブックを閉じましょう。

---

知（そこがりたい）　**この書類、Wordで作る？ Excelで作る？どちらが正解？**

Wordでも表を作ることはできますし、Excelでも文書を作ることはできます。で
は両アプリの使い分けはどのようにするのが正解でしょうか。
まずは作成する書類のタイプとアプリの特性のマッチングを検討するとよいで
しょう。たとえば数式を必要とする表やデータ管理のための表ならExcelのほうが
適していますし、ビジネス文書やデザインにこだわりたいチラシやポスターなら
Wordのほうが適しています。
他にも、データを複数人で扱う場合は、他のメンバーのスキル傾向も考慮するとよ
いでしょう。なるべく多くのメンバーが使えるアプリで作っておくほうが、皆でそ
のデータを活用することができます。
自分のスキルレベルや好みに合わせてアプリを選ぶのもよいですが、上記の視点か
らも検討することをおすすめします。

どの金融機関にどれだけの貯金があるか、前月と比較して増えているのか減っているのか、一目でわかる管理表を作成します。また預貯金の変動をグラフ化し、より視覚的にわかりやすくします。

■ 完成例

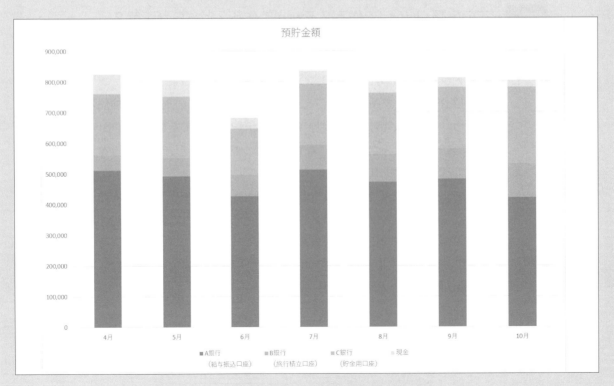

| | A | B | C | D | E | F | G | H | I |
|---|---|---|---|---|---|---|---|---|---|
| 1 | | 預貯金管理表 | | | | | | | |
| 2 | | | | | | | | | |
| 3 | | 口座 | 4月 | 5月 | 6月 | 7月 | 8月 | 9月 | 10月 |
| 4 | | A銀行（給与振込口座） | 512,048 | 492,157 | 426,847 | 513,586 | 472,546 | 481,684 | 421,654 |
| 5 | | 前月比較 | 0 | -19,891 | -65,310 | 86,739 | -41,040 | 9,138 | -60,030 |
| 6 | | B銀行（旅行積立口座） | 50,000 | 60,000 | 70,000 | 80,000 | 90,000 | 100,000 | 110,000 |
| 7 | | 前月比較 | 0 | 10,000 | 10,000 | 10,000 | 10,000 | 10,000 | 10,000 |
| 8 | | C銀行（貯金用口座） | 200,000 | 200,000 | 150,000 | 200,000 | 200,000 | 200,000 | 250,000 |
| 9 | | 前月比較 | 0 | 0 | -50,000 | 50,000 | 0 | 0 | 50,000 |
| 10 | | 現金 | 64,251 | 54,236 | 35,426 | 42,136 | 36,541 | 31,258 | 22,486 |
| 11 | | 前月比較 | 0 | -10,015 | -18,810 | 6,710 | -5,595 | -5,283 | -8,772 |
| 12 | | | | | | | | | |
| 13 | | 預貯金合計 | 826,299 | 806,393 | 682,273 | 835,722 | 799,087 | 812,942 | 804,140 |
| 14 | | 前月比較 | 0 | -19,906 | -124,120 | 153,449 | -36,635 | 13,855 | -8,802 |
| 15 | | | | | | | | | |

**【準備】**Excelを起動し、新規ブックを作成しましょう。

① ワークシート名を「預貯金管理表」に変更しましょう。

② 次のデータを入力しましょう。列の幅や行の高さも下図を参考に調整しましょう。

> **ヒント** 列の幅、行の高さは完成例と正確に一致している必要はありません。
>
> **ヒント** 月は連続データの入力機能で入力しましょう。
>
> **ヒント** セルB4、B6、B8はセル内改行を行っています。

| | A | B | C | D | E | F | G | H |
|---|---|---|---|---|---|---|---|---|
| 1 | | 預貯金管理表 | | | | | | |
| 2 | | | | | | | | |
| 3 | | 口座 | 4月 | 5月 | 6月 | 7月 | 8月 | 9月 |
| 4 | | A銀行<br>（給与振込口座） | 512048 | 492157 | 426847 | 513586 | 472546 | 481684 |
| 5 | | 前月比較 | 0 | | | | | |
| 6 | | B銀行<br>（旅行積立口座） | 50000 | 60000 | 70000 | 80000 | 90000 | 100000 |
| 7 | | 前月比較 | 0 | | | | | |
| 8 | | C銀行<br>（貯金用口座） | 200000 | 200000 | 150000 | 200000 | 200000 | 200000 |
| 9 | | 前月比較 | 0 | | | | | |
| 10 | | 現金 | 64251 | 54236 | 35426 | 42136 | 36541 | 31258 |
| 11 | | 前月比較 | 0 | | | | | |
| 12 | | | | | | | | |
| 13 | | 預貯金合計 | | | | | | |
| 14 | | 前月比較 | 0 | | | | | |
| 15 | | | | | | | | |

③ セルC13に、セルC4、C6、C8、C10を合計するSUM関数の数式を作成しましょう。作成後、セルH13まで数式をコピーしましょう。

④ セルD5に、"=D4 - C4"の数式を作成しましょう。作成後、セルH5まで数式をコピーしましょう。

⑤ セルD5〜H5の数式をコピーして、セルD7、D9、D11、D14に貼り付けましょう。

⑥ セルC4〜H11、セルC13〜H14に桁区切り記号（カンマ）の表示形式を設定しましょう。

> **ヒント** この設定によってマイナスの数値が赤く表示されます。

⑦ 次のように書式を設定しましょう。

　□ セルB1 …… フォントサイズ：14pt　　太字

　□ セルB3〜H3 …… 中央揃え

　□ セルB4、B6、B8、B10、B13〜H13 …… 太字

　□ セルB4、B6、B8 …… （セル内の2行目のみ）フォントサイズ：9pt

□ セルB5〜H5、B7〜H7、B9〜H9、B11〜H11、B14〜H14 …… フォントサイズ：10pt

⑧ 次のように罫線を引きましょう。

□ セルB3〜H11、B13〜H14 …… 格子

□ 表内の "前月比較" の行の上側の線（例：4行目と5行目の境界線）…… 点線

⑨ 次のようにセルに塗りつぶしの色を設定しましょう。

□ セルB3〜H3 …… 青、アクセント1、白 ＋ 基本色80％

□ 表内の "前月比較" の行（例：B5〜H5）…… ゴールド、アクセント4、白 ＋ 基本色80％

⑩ セルD5〜H5に、条件付き書式のアイコンセット（↑→↓）を設定しましょう。
同様のアイコンセットを、セルD7〜H7、D9〜H9、D11〜H11、D14〜H14にも設定しましょう。

ヒント　まとめて設定すると今回想定するアイコンセットが表示されません。それぞれに設定を行ってください。

⑪ セルH3をセルＩ3までフィルコピーして「10月」と入力しましょう。

⑫ セルH4〜H14をセルＩ5〜Ｉ14までフィルコピーしましょう。コピー後、オートフィルオプションを使って、"連続データ" から "セルのコピー" に切り替えましょう。

⑬ Ｉ列の列の幅を調整し、完成例を参考にして10月のデータを入力し直しましょう。

⑭ 印刷の向きを "横" に変更しましょう。

⑮ セルB3〜Ｉ4、B6〜Ｉ6、B8〜Ｉ8、B10〜Ｉ10をもとに積み上げ縦棒グラフを作成しましょう。

⑯ グラフタイトルを「預貯金額」に変更しましょう。

⑰ グラフの場所を、新しいシート「預貯金グラフ」に移動しましょう。

【終了】[Word&Excel課題集_2021] フォルダー内の [保存用] フォルダーに「問題14預貯金管理表完成」
　　　という名前で保存して、ブックを閉じましょう。

人生の節目で発生するお金の流れを記載して、見通しを立てるための表がライフマネープランです。
1つ1つのセルが小さく、あまりたくさんのデータを入力できない表では "メモ" の機能が役立ちます。

## ■ 完成例

| | | | 2020 | 2021 | 2022 | 2023 | 2024 | 2025 | 2026 | 2027 | 2028 |
|---|---|---|---|---|---|---|---|---|---|---|---|
| **ライフマネープラン表** | | | | | | | | | | | |
| | | | 2020年から10年間 | | | | | | | | |
| | | 年 | 2020 | 2021 | 2022 | 2023 | 2024 | 2025 | 2026 | 2027 | 2028 |
| 年齢 | 自　　分 | 雅史 | 46 | 47 | 48 | 49 | 50 | 51 | 52 | 53 | 54 |
| | 配偶者 | 晴美 | 39 | 40 | 41 | 42 | 43 | 44 | 45 | 46 | 47 |
| | 子供（第一子） | 青葉 | 12 | 13 | 14 | 15 | 16 | 17 | 18 | 19 | 20 |
| | 子供（第二子） | 楓 | 6 | 7 | 8 | 9 | 10 | 11 | 12 | 13 | 14 |
| | ライフイベント | | 新車購入 | 【青葉】中学入学 【楓】小学校入学 | | | 【青葉】高校入学 | | | 【青葉】大学入学 【楓】中学入学 | |
| 収入 | 自　　分 | | 450 | 450 | 450 | 450 | 450 | 450 | 450 | 450 | 450 |
| | 配偶者 | | 180 | 180 | 180 | 180 | 180 | 180 | 180 | 180 | 180 |
| | 計 | | 630 | 630 | 630 | 630 | 630 | 630 | 630 | 630 | 630 |
| 支出 | ライフイベント出費 | | 50 | 15 | | | 20 | | | 166 | 96 |
| | 想定される生活費 | | 300 | 300 | 300 | 300 | 300 | 300 | 300 | 300 | 300 |
| | 想定される教育費 | | | 36 | 36 | 36 | 48 | 60 | 100 | 156 | 156 |
| | 想定される車両費 | | 24 | 48 | 48 | 58 | 24 | 34 | 24 | 34 | 24 |
| | 家賃・住宅ローン | | 96 | 96 | 96 | 96 | 96 | 96 | 96 | 96 | 96 |
| | その他の支出 | | 10 | 10 | 10 | 10 | 10 | 10 | 10 | 10 | 10 |
| | 計 | | 480 | 505 | 490 | 500 | 498 | 500 | 530 | 762 | 682 |
| 収　　支 | | | 150 | 125 | 140 | 130 | 132 | 130 | 100 | -132 | -52 |
| 想定貯蓄額 | | | 350 | 475 | 615 | 745 | 877 | 1,007 | 1,107 | 975 | 923 |
| 単位：万円 | | | | | | | | | | | |

| 2029 | 2030 | 2031 | 2032 | 2033 | 2034 | 2035 | 2036 | 2037 | 2038 | 2039 |
|---|---|---|---|---|---|---|---|---|---|---|
| 2030年から10年間 | | | | | | | | | | |
| 2029 | 2030 | 2031 | 2032 | 2033 | 2034 | 2035 | 2036 | 2037 | 2038 | 2039 |
| 55 | 56 | 57 | 58 | 59 | 60 | 61 | 62 | 63 | 64 | 65 |
| 48 | 49 | 50 | 51 | 52 | 53 | 54 | 55 | 56 | 57 | 58 |
| 21 | 22 | 23 | 24 | 25 | 26 | 27 | 28 | 29 | 30 | 31 |
| 15 | 16 | 17 | 18 | 19 | 20 | 21 | 22 | 23 | 24 | 25 |
| 【楓】高校入学 | 【青葉】就職 | 新車購入 | 【楓】大学入学 | | | | | 【楓】就職 | | 定年退職 |
| 450 | 450 | 450 | 450 | 450 | 450 | 450 | 450 | 450 | 450 | 1,500 |
| 180 | 180 | 180 | 180 | 180 | 180 | 180 | 180 | 180 | 180 | 180 |
| 630 | 630 | 630 | 630 | 630 | 630 | 630 | 630 | 630 | 630 | 1,680 |
| 96 | 116 | | 50 | 156 | 96 | 96 | 96 | | | |
| 300 | 300 | 300 | 300 | 300 | 300 | 300 | 300 | 300 | 300 | 300 |
| 156 | 168 | 60 | 100 | 120 | 120 | 120 | 120 | | | |
| 34 | 24 | 34 | 24 | 48 | 48 | 58 | 24 | 34 | 24 | 34 |
| 96 | 96 | 96 | 96 | 96 | 96 | 12 | 12 | 12 | 12 | 112 |
| 10 | 10 | 10 | 10 | 10 | 10 | 10 | 10 | 10 | 10 | 10 |
| 692 | 714 | 500 | 580 | 730 | 670 | 596 | 562 | 356 | 346 | 456 |
| -62 | -84 | 130 | 50 | -100 | -40 | 34 | 68 | 274 | 284 | 1,224 |
| 861 | 777 | 907 | 957 | 857 | 817 | 851 | 919 | 1,193 | 1,477 | 2,701 |

【準備】Excelを起動し、[Word&Excel課題集_2021] フォルダー内のファイル「ライフマネープラン（入力)」を開きましょう。

① セルD11に、セルD9〜D10を合計するSUM関数の数式を作成しましょう。作成後、セルW11まで数式をコピーします。その際、あらかじめ設定されている罫線の書式が崩れないように“書式なし”のコピーを利用しましょう。

② セルD18に、セルD12〜D17を合計するSUM関数の数式を作成しましょう。作成後、セルW18まで“書式なし”で数式をコピーしましょう。

③ セルD19に、「=D11－D18」の数式を作成しましょう。作成後、セルW19まで“書式なし”で数式をコピーしましょう。

④ セルD20に、「＝200＋D19」の数式を作成しましょう。

ヒント　現在の貯蓄が200万円あると想定しています。

⑤ セルE20に、「前年の想定貯蓄額 (D20) ＋当年の収支 (E19)」の数式を作成しましょう。作成後、セルW20まで“書式なし”で数式をコピーしましょう。

⑥ セルA4〜A7を結合し、縦書きに変更しましょう。同様にセルA9〜A11、セルA12〜A18も結合し縦書きに変更しましょう。

⑦ セルB4〜C7、B12〜C17に均等割り付け（インデント0字）を設定しましょう。また、セルB8〜C10、A19〜C20に均等割り付け（インデント2字）を設定しましょう。

⑧ 次のセルにそれぞれメモを挿入しましょう。あらかじめ入力されている記入者名は削除します。
　　□ セルD12 ……「新車購入の頭金」
　　□ セルW16 ……「リフォーム・修繕費」

⑨ 印刷の向きを“横”に変更しましょう。

⑩ 改ページプレビューに切り替えて、“2020年から10年間”（M列）と“2030年から10年間”（N列）の間で改ページされるように改ページ位置を調整しましょう。調整が終わったら標準ビューに戻しましょう。

⑪ 印刷時、表がページの水平中央・垂直中央に印刷されるように設定しましょう。

⑫ A列〜C列を印刷タイトル列に設定しましょう。設定後、印刷プレビューで結果を確認しましょう。

【終了】[Word&Excel課題集_2021] フォルダー内の [保存用] フォルダーに「問題15ライフマネープラン完成」という名前で保存して、ブックを閉じましょう。

▶ データ入力 / セルの結合 / 書式設定 / 罫線 / 余白設定 / 1ページに収めて印刷

ネットショップなどでは、初めてサービスを利用するときにIDやパスワードの登録を求められます。そのため管理しなければならないID・パスワードが次々に増えてゆきます。そこで、このような表を作って管理するのもよいでしょう。ただし他の人の目には触れないように厳重に管理しましょう。

■ 完成例

| | | ID・パスワード管理表 | | |
|---|---|---|---|---|
| ■コンピューター関連 | | | | |
| パソコンの起動パスワード・PINコード | | | 例：1234 | |
| ■スマートフォン関連 | | | | |
| スマホのロック解除コード | | | 例：123456 | |
| AppleID または Googleアカウント | | | パスワード | |
| | | | | |
| ■インターネットサービス関連 | | | | |
| 業者名 サービス名 | アカウント名・ユーザー名・ユーザーID | パスワード | メモ | |
| 例：○○ショッピング | 例：example@example.com | 例：abc12345 | | |
| | | | | |

① 次のデータを入力しましょう。列の幅や行の高さも下図を参考に調整しましょう。

ヒント 列の幅、行の高さは完成例と正確に一致している必要はありません。

ヒント セルC14、D14のデータはセル内改行して入力します。

| | A | B | C | D | E | F | G |
|---|---|---|---|---|---|---|---|
| 1 | | ID・パスワード管理表 | | | | | |
| 2 | | ■コンピューター関連 | | | | | |
| 3 | | | パソコンの起動パスワード・PINコード | | 例：1234 | | |
| 4 | | | | | | | |
| 5 | | | | | | | |
| 6 | | ■スマートフォン関連 | | | | | |
| 7 | | | スマホのロック解除コード | | 例：123456 | | |
| 8 | | | | | | | |
| 9 | | | AppleID または Googleアカウント | | パスワード | | |
| 10 | | | | | | | |
| 11 | | | | | | | |
| 12 | | | | | | | |
| 13 | | ■インターネットサービス関連 | | | | | |
| 14 | | | 業者名<br>サービス名 | アカウント名・ユーザー名・<br>ユーザーID | パスワード | メモ | |
| 15 | | | 例：○○ショッピング | 例：example@example.com | 例：abc12345 | | |
| 16 | | | | | | | |

② 完成例を参考に、セルを結合しましょう。

ヒント B1〜G1　C3〜D3　E3〜F3　C7〜D7　E7〜F7　C9〜D9　E9〜F9　C10〜D10　E10〜F10

③ 次の書式を設定しましょう。

　　□ セルB1〜G1 …… フォントサイズ：16pt　　太字

　　□ セルB2、B6、B13 …… フォントサイズ：12pt　　太字

　　□ セルC14〜F14 …… 中央揃え

　　□ セルE3〜F3、E7〜F7 …… フォントサイズ：10pt　　　配置：上揃え
　　　　　　　　　　　　　　　　　　　フォントの色：黒、テキスト1、白 ＋ 基本色25％

　　□ セルC15〜E15 …… フォントサイズ：10pt　　　フォントの色：黒、テキスト1、白 ＋ 基本色25％

④ 完成例を参考に罫線を引きましょう。

⑤ 完成例を参考に、16行目から26行目の行の高さを広げましょう。

⑥ 完成例を参考に、セルの塗りつぶしの色を設定しましょう。

　　□ 塗りつぶしの色：白、背景1、黒 ＋ 基本色15％

⑦　用紙の余白を以下のように変更しましょう。

　　□　上：0.5cm　下：0.5cm　左：0.5cm　右：0.5cm

　　ヒント　Excelの余白の単位はcmです。

⑧　シートを1ページに収めて印刷する設定（縮小）を行いましょう。

⑨　印刷プレビューを確認しましょう。確認後プレビューを閉じましょう。

【終了】［Word&Excel課題集_2021］フォルダー内の［保存用］フォルダーに「問題16IDパスワード管理
　　表完成」という名前で保存して、ブックを閉じましょう。

---

知（そこがりたい）　ファイルを開くためのパスワードを設定したい！

セキュリティの観点からもこの表は印刷したうえで手書きで記入することを想定
していますが、パソコン上で入力したい場合は以下の操作でファイルそのものにパ
スワードを設定し自分以外の人が開けないようにしておくことをおすすめします。

＜ファイルを開くためのパスワードの設定＞
［ファイル］→［名前を付けて保存］→［参照］→［ツール(L)］→［全般オプション］→
［読み取りパスワード］に任意の文字列や数字を入力（このパスワードを忘れると開
くことができなくなります。十分に注意してください）→［OK］→保存操作を実行

プロジェクトの進行管理や作業の工程管理のための表です。ガントチャートとも呼ばれます。どの日にどの作業をするかをセルの塗りつぶしの色で表しています。

## ■ 完成例

| | A | B | C | D | 10月 | | | | | | | | | | | | | |
|---|---|---|---|---|---|---|---|---|---|---|---|---|---|---|---|---|---|---|
| 1 | 地域交流イベント作業工程表 | | | | | | | | | | | | | | | | | |
| 2 | プロジェクト名 | | 地域の史跡をめぐる『歴史ふれあい散策』 | | | | | | | | | | | | | | | |
| 3 | | | | | | | | | | | | | | | | | | |
| 4 | | | | | 10月 | | | | | | | | | | | | | |
| 5 | 作業内容 | 開始日 | 完了日 | 担当 | 1 | 2 | 3 | 4 | 5 | 6 | 7 | 8 | 9 | 10 | 11 | 12 | 13 |
| 6 | 第1回会議 | 10月1日 | 10月1日 | 笹原 | | | | | | | | | | | | | |
| 7 | 散策コース提案書作成 | 10月2日 | 10月5日 | 神崎 | | | | | | | | | | | | | |
| 8 | 第2回会議 | 10月6日 | 10月6日 | 笹原 | | | | | | | | | | | | | |
| 9 | チラシデザイン | 10月7日 | 10月10日 | 三浦 | | | | | | | | | | | | | |
| 10 | コースマップの作成 | 10月7日 | 10月12日 | 神崎 | | | | | | | | | | | | | |
| 11 | ロケハン | 10月12日 | 10月12日 | 全員 | | | | | | | | | | | | | |
| 12 | チラシ印刷 | 10月13日 | 10月14日 | 三浦 | | | | | | | | | | | | | |
| 13 | コースマップ印刷 | 10月15日 | 10月16日 | 神崎 | | | | | | | | | | | | | |
| 14 | ボランティアスタッフの募集 | 10月7日 | 10月26日 | 笹原・吉岡 | | | | | | | | | | | | | |
| 15 | 地域への周知（チラシ配布） | 10月17日 | 11月1日 | 全員 | | | | | | | | | | | | | |
| 16 | 第3回会議（地域ミーティング） | 10月26日 | 10月26日 | 全員 | | | | | | | | | | | | | |
| 17 | 最終調整 | 10月27日 | 11月1日 | 笹原・神崎 | | | | | | | | | | | | | |
| 18 | 直前リハーサル | 11月2日 | 11月2日 | 全員 | | | | | | | | | | | | | |
| 19 | イベント開催 | 11月3日 | 11月3日 | 全員 | | | | | | | | | | | | | |
| 20 | | | | | | | | | | | | | | | | | | |

| P | Q | R | S | T | U | V | W | X | Y | Z | AA | AB | AC | AD | AE | AF | AG | AH | AI | AJ | AK | AL |
|---|---|---|---|---|---|---|---|---|---|---|---|---|---|---|---|---|---|---|---|---|---|---|

| 12 | 13 | 14 | 15 | 16 | 17 | 18 | 19 | 20 | 21 | 22 | 23 | 24 | 25 | 26 | 27 | 28 | 29 | 30 | 31 | 11月 1 | 2 | 3 |
|---|---|---|---|---|---|---|---|---|---|---|---|---|---|---|---|---|---|---|---|---|---|---|

**【準備】** Excelを起動し、新規ブックを作成しましょう。

① 次のデータを入力しましょう。列の幅や行の高さも下図を参考に調整しましょう。

> ヒント 列の幅、行の高さは完成例と正確に一致している必要はありません。

| | A | B | C | D | E | F | G |
|---|---|---|---|---|---|---|---|
| 1 | 地域交流イベント作業行程表 | | | | | | |
| 2 | プロジェクト名 | | 地域の史跡をめぐる『歴史ふれあい散策』 | | | | |
| 3 | | | | | | | |
| 4 | | | | | 10月 | | |
| 5 | 作業内容 | 開始日 | 完了日 | 担当 | 1 | 2 | |
| 6 | 第1回会議 | 10月1日 | 10月1日 | 笹原 | | | |
| 7 | 散策コース提案書作成 | 10月2日 | 10月5日 | 神崎 | | | |
| 8 | 第2回会議 | 10月6日 | 10月6日 | 笹原 | | | |
| 9 | チラシデザイン | 10月7日 | 10月10日 | 三浦 | | | |
| 10 | コースマップの作成 | 10月7日 | 10月12日 | 神崎 | | | |
| 11 | ロケハン | 10月12日 | 10月12日 | 全員 | | | |
| 12 | チラシ印刷 | 10月13日 | 10月14日 | 三浦 | | | |
| 13 | コースマップ印刷 | 10月15日 | 10月16日 | 神崎 | | | |
| 14 | ボランティアスタッフの募集 | 10月7日 | 10月26日 | 笹原・吉岡 | | | |
| 15 | 地域への周知（チラシ配布） | 10月17日 | 11月1日 | 全員 | | | |
| 16 | 第3回会議（地域ミーティング） | 10月26日 | 10月26日 | 全員 | | | |
| 17 | 直前リハーサル | 11月2日 | 11月2日 | 全員 | | | |
| 18 | イベント開催 | 11月3日 | 11月3日 | 全員 | | | |
| 19 | | | | | | | |

② セルG5～AI5に、「3」～「31」の連続データを入力しましょう。

> ヒント 数値の1と2を入力済みのセルE5～F5を利用してフィルコピーすると簡単に入力できます。

③ セルAJ4に「11月」、セルAJ5に「1」、AK5に「2」、AL5に「3」と入力し入力しましょう。

④ E列～AL列の列の幅を2.50に変更しましょう。

⑤ セルB2～I2を結合して中央揃えしましょう。セルE4～AI4、セルAJ4～AL4を結合しましょう。

⑥ 次のように書式を書式を設定しましょう。

- □ セルA1 …… フォントサイズ：12pt　太字
- □ セルA2～I2 …… 太字
- □ セルA2、A5～AL5、A6～A18、D6～D18 …… 中央揃え

⑦ 完成例を参考に罫線とセルの塗りつぶしを設定しましょう。

> ヒント 塗りつぶしの色は任意の色でかまいません。

> ヒント 作業日として塗りつぶすセルは、B列の"開始日"からC列の"完了日"までを参考にしてください。

⑧　"チラシ印刷"の開始日を「10月15日」に、完了日を「10月16日」に変更しましょう。
　　また"コースマップ印刷"の開始日を「10月17日」に、完了日を「10月18日」に変更しましょう。

⑨　セルQ12〜T13を選択して、ドラッグ操作でS12〜V13に移動しましょう。移動後はQ12〜R13の罫線が消えた状態になるため罫線を引き直しましょう。

⑩　17行目に新しい行を1行追加しましょう。追加した行に以下の内容を入力しましょう。

　　□　作業内容 ……「最終調整」

　　□　開始日 ……「10月27日」

　　□　完了日 ……「11月1日」

　　□　担当 ……「笹原・神崎」

⑪　⑩で入力した開始日、完了日に該当するセルに塗りつぶしの色を設定しましょう。またセルAD17の塗りつぶしを解除しましょう。

　　**ヒント**　塗りつぶしの解除は「塗りつぶしなし」です。

⑫　現在のシートがA4横1枚に収まるように印刷設定をして、印刷プレビューで確認しましょう。

**【終了】**[Word&Excel課題集_2021]フォルダー内の[保存用]フォルダーに「問題17作業工程表完成」という名前で保存して、ブックを閉じましょう。

---

**知** そこが りたい　**アプリが反応しなくなったときの対処法**

アプリが突然動かなくなった場合は、アプリを強制終了して対処します。

アプリを強制終了するには、まずCtrl + Alt + Deleteキーを押して、[タスクマネージャー]をクリックします(このとき少し時間がかかることもあります)。

タスクマネージャーが起動したら、"応答なし"と表示されているアプリ名をクリックして[タスクの終了]をクリックします(表示が「詳細」モードになっている場合は、左下の[簡易表示]をクリックしておきます)。

その後、再度アプリを起動して作業を再開できます。タスクマネージャーは閉じておきましょう。

# Excel　18 履歴書

□ 新規ブックから作成

▶ セルの結合(横方向) / テキストボックス / 形式を選択して貼り付け(リンクされた図)

最近はパソコンで作成した履歴書を提出することも増えています。履歴書のテンプレートはインターネットからダウンロードすることもできますが、ここでは自分で作成してみます。この履歴書のように左右でまったくレイアウトの異なる表を1つにする場合は、別々に作成して"リンクされた図"で結合すると便利です。

## ■ 完成例

**【準備】** Excelを起動し、新規ブックを作成しましょう。

① ワークシート名を「左面(A4)」に変更しましょう。

② 次のように文字を入力しましょう。

|  | A | B | C | D | E | F | G | H | I | J |
|---|---|---|---|---|---|---|---|---|---|---|
| 1 |  |  |  |  |  |  |  |  |  |  |
| 2 |  | 履 歴 書 |  |  | 年　　月 | 日現在 |  |  |  |  |
| 3 |  | ふりがな |  |  |  |  |  |  |  |  |
| 4 |  | 氏名 |  |  |  |  |  |  |  |  |
| 5 |  |  |  |  |  |  |  |  |  |  |
| 6 |  |  |  |  | ※ |  |  |  |  |  |
| 7 |  |  |  |  | 男・女 |  |  |  |  |  |
| 8 |  | ふりがな |  |  |  |  | 電話 |  |  |  |
| 9 |  | 現住所 | 〒 |  |  |  |  |  |  |  |
| 10 |  |  |  |  |  |  |  |  |  |  |
| 11 |  | ふりがな |  |  |  |  | 電話 |  |  |  |
| 12 |  | 連絡先 | 〒 |  | （現住所以外に連絡を希望する場合のみ記入） |  |  |  |  |  |
| 13 |  |  |  |  |  |  |  |  |  |  |
| 14 |  |  |  |  |  |  |  |  |  |  |
| 15 |  | 年 | 月 | 学　歴・職　歴（各別にまとめて書く） |  |  |  |  |  |  |
| 16 |  |  |  |  |  |  |  |  |  |  |

③ 次のようにフォントサイズを変更しましょう。

   □ セルB2 …… 20pt　　　セルB3、B8、B11、E6、F12 …… 9pt

④ 次のように列の幅を調整しましょう。

   □ A列 …… 1.50　　C列 …… 3.75　　D列 …… 27.00　　E列 …… 8.00　　G列 …… 17.50

⑤ 次のように行の高さを調整しましょう。

   □ 2行目 …… 33.00　　3行目 …… 15.00　　5行目 …… 36.00　　6行目 …… 12.00
   7行目 …… 21.00　　8行目 …… 15.00　　10行目 …… 36.00　　11行目 …… 15.00
   13行目 …… 36.00　　14行目 …… 15.00　　15～31行目 …… 24.00

⑥ 次のようにセルを結合しましょう。文字の中央揃えは行わないようにしましょう。

   □ C3～E3　　C5～E5　　B6～D7　　C8～F8　　G9～G10　　C10～F10　　C11～F11
   G12～G13　　C13～F13　　D15～G15　　D16～G31（まとめて"横方向に結合"）

   **ヒント** キーボードのF4キーを押すと直前に行った操作を繰り返すことができます。

⑦ 次のように文字揃えと均等割り付けを設定しましょう。

   □ E2、B6～D7、F12 …… 右揃え　　　E7、C9、C12、B15～G15 …… 中央揃え
   B3～B4、B8～B9、B11～B12 …… 均等割り付け（インデント 0）

⑧ セルE2の文字の垂直方向を下揃えしましょう。

⑨ 完成例を参考に罫線を設定しましょう。

> [ヒント] "ふりがな"の各セルの下側の線および、"学歴・職歴"の年/月の境界線には任意の種類の点線を引きます。

⑩ 写真をはる場所の四角形をテキストボックスで描画して枠線を点線（角）にしましょう。完成例を参考にして文字を入力し、1行目のフォントサイズを7ptに、2行目以降を8ptに設定します。

⑪ 新しいワークシートを追加し、シート名を「右面(A4)」に変更しましょう。

⑫ 次のように列の幅を調整しつつ、文字を入力しましょう。

> □ A列 …… 1.50　　C列 …… 3.75　　D列 …… 38.00　　E列 …… 8.38　　F列 …… 14.38

| | A | B | C | D | E | F | G |
|---|---|---|---|---|---|---|---|
| 1 | | | | | | | |
| 2 | | 年 | 月 | 学　歴・職　歴（各別にまとめて書く） | | | |
| 3 | | | | | | | |
| 4 | | | | | | | |
| 5 | | | | | | | |
| 6 | | | | | | | |
| 7 | | | | | | | |
| 8 | | | | | | | |
| 9 | | 年 | 月 | 免　許・資　格 | | | |
| 10 | | | | | | | |
| 11 | | | | | | | |
| 12 | | | | | | | |
| 13 | | | | | | | |
| 14 | | | | | | | |
| 15 | | | | | | | |
| 16 | | | | | | | |
| 17 | | 志望の動機、特技、好きな学科、アピールポイントなど | | | 通勤時間 | | |
| 18 | | | | | 約　　　時間　　　分 | | |
| 19 | | | | | 扶養家族数（配偶者を除く） | | |
| 20 | | | | | 人 | | |
| 21 | | | | | 配偶者　　配偶者の扶養義務 | | |
| 22 | | | | | ※有・無　※有・無 | | |
| 23 | | | | | | | |
| 24 | | 本人希望記入欄（特に給料・職種・勤務時間・勤務地・その他についての希望などがあれば記入） | | | | | |
| 25 | | | | | | | |

⑬ 以下のようにフォントサイズを変更しましょう。

> □ セルB17、E17〜F22、B24 …… 10pt　　セルB24（カッコ書き部分のみ）…… 8pt

⑭ 次のように行の高さを調整しましょう。

> □ 2〜15行目 …… 24.00　　18行目、20行目、22行目 …… 39.00　　25〜29行目 …… 27.00

⑮ 次のようにセルを結合しましょう。文字の中央揃えは行わないようにしましょう。

> □ D2〜F15、B25〜F29（"横方向に結合"）　　B18〜D22　　E18〜F18　　E20〜F20

⑯　次のように文字揃えを設定しましょう。

　　□　B2～F2、B9～F9、E18～F18、E21～F22 …… 中央揃え　　E20～F20 …… 右詰め（インデント2）

⑰　完成例を参考に罫線を設定しましょう。

　　**ヒント**　"学歴・職歴" や "免許・資格" の年/月の境界線には⑨で引いたものと同じ点線を引きます。

　　**ヒント**　セルB25～F29の各行の境界線の罫線の色は "白、背景1、黒 ＋ 基本色35％" に変更します。

⑱　新しいワークシートを追加し、シート名を「左右結合(A3)」に変更しましょう。

⑲　用紙サイズを "A3" に、印刷の向きを "横" に変更しましょう。

⑳　シートの目盛線の表示を非表示にしましょう。

㉑　シート "左面(A4)" のセルA1～G31をコピーし、シート "左右結合(A3)" のセルA1に "リンクされた図" 形式で貼り付けましょう。

㉒　シート "右面(A4)" のセルA1～F29をコピーし、シート "左右結合(A3)" のセルK1に "リンクされた図" 形式で貼り付けましょう。

㉓　印刷プレビューを確認しましょう。確認後、印刷プレビューを閉じましょう。

㉔　シート "左面(A4)" の "名前" や "生年月日" の入力欄に任意のデータを入力し、書式を自由に調整して見やすく整えましょう。

　　＜入力例＞

㉕　シート "右面(A4)" の "免許・資格" の入力欄に任意のデータを入力し、書式を自由に調整して見やすく整えましょう。

　　＜入力例＞

㉖　シート "左右結合(A3)" に切り替えて、変更が反映されていることを確認しましょう。

【終了】[Word&Excel課題集_2021] フォルダー内の [保存用] フォルダーに「問題18履歴書完成」という名前で保存して、ブックを閉じましょう。

▶ ウィンドウ枠の固定 / テーブルへの変換 / データの抽出 / データの並べ替え / テーブルの解除

施設の利用者情報を控えておく表を作成します。データベース型の表にしておくことで抽出や並べ替えを効果的に行うことができます。また表をテーブル化することでデータの追加入力がしやすくなります。

■ 完成例

| | A | B | C | D | E | F | G | H | I | J | K | L |
|---|---|---|---|---|---|---|---|---|---|---|---|---|
| 1 | カルチャーホール美野原　施設利用管理表 | | | | | | | | | | | |
| 2 | 管理番号 | 利用日 | 曜日 | 利用施設 | 開始時刻 | 終了時刻 | 大人人数 | 子供人数 | 人数計 | 団体名 | 担当者名 | 住所 |
| 3 | 1 | 2024/9/7 | 土 | 中ホール | 13:00 | 16:00 | 10 | 60 | 70 | 子供和太鼓クラブ | 冴木和也 | 緑ヶ丘本町 |
| 4 | 2 | 2024/9/7 | 土 | 小会議室 | 10:00 | 12:00 | 5 | 0 | 5 | 手芸サークル | 水田美穂 | さつきヶ丘2丁目 |
| 5 | 3 | 2024/9/8 | 日 | 大会議室 | 10:00 | 17:00 | 60 | 0 | 60 | 西部建設業協会 | 近藤茂之 | 本町3丁目 |
| 6 | 4 | 2024/9/8 | 日 | 中会議室 | 11:00 | 14:00 | 24 | 0 | 24 | 美野原敬老会 | 広川聡 | 美野原2丁目 |
| 7 | 5 | 2024/9/9 | 月 | 中ホール | 10:00 | 14:00 | 6 | 45 | 51 | 平川地区子ども会 | 東弘子 | 平川3丁目 |
| 8 | 6 | 2024/9/11 | 水 | 大ホール | 17:00 | 21:00 | 52 | | 52 | 緑地区コーラス | 大北大輔 | 緑町3丁目 |
| 9 | 7 | 2024/9/12 | 木 | 大会議室 | 18:00 | 20:00 | 45 | | 45 | 東部自治会 | 杉浦克己 | 矢野町4丁目 |
| 10 | 8 | 2024/9/13 | 金 | 小会議室 | 13:00 | 15:00 | 6 | 0 | 6 | NPO法人美野原結び会 | 吉村祐樹 | 五島町1丁目 |
| 11 | 9 | 2024/9/14 | 土 | 中ホール | 9:30 | 11:00 | 10 | | 10 | すぎのき福祉協会 | 杉本実 | 澤永町2丁目 |
| 12 | 10 | 2024/9/14 | 土 | 小会議室 | 15:00 | 17:00 | 8 | | 8 | 美野原まちづくり組織 | 川上勇 | 美野原6丁目 |
| 13 | 11 | 2024/9/15 | 日 | 大会議室 | 10:00 | 14:00 | 60 | | 60 | 株式会社グリーン | 緑川康夫 | 吉永2丁目 |
| 14 | 12 | 2024/9/15 | 日 | 小ホール | 13:00 | 17:00 | 6 | 3 | 9 | 市民サークルいろは | 藤田和美 | 梅ノ木町1丁目 |
| 15 | 13 | 2024/9/16 | 月 | 中会議室 | 14:00 | 16:00 | 20 | 0 | 20 | 三ノ輪労働組合 | 大東幸助 | 五木町2丁目 |
| 16 | 14 | 2024/9/17 | 火 | 中ホール | 19:00 | 21:30 | 3 | 15 | 18 | こども能楽教室 | 金沢和義 | 沢津町3-3番地 |
| 17 | 15 | 2024/9/18 | 水 | 大会議室 | 10:00 | 12:00 | 43 | 0 | 43 | 市民連絡協議会 | 木原幸雄 | 中町3丁目 |
| 18 | 16 | 2024/9/20 | 金 | 大ホール | 9:30 | 15:00 | 20 | 67 | 87 | ダンスサークルSTEP | 北永恵美子 | 新町1丁目 |
| 19 | 17 | 2024/9/21 | 土 | 小ホール | 17:00 | 19:00 | 2 | 12 | 14 | 金管楽器教室 | 大村佐和 | 目川3丁目 |
| 20 | 18 | 2024/9/21 | 土 | 中ホール | 10:00 | 18:00 | 50 | 3 | 53 | 民謡さつき会 | 荒川志乃 | さつきヶ丘1丁目 |
| 21 | 19 | 2024/9/22 | 日 | 中ホール | 14:00 | 17:00 | 12 | 4 | 16 | 生涯学習クラブ | 水野恭子 | 大井町3丁目 |
| 22 | 20 | 2024/9/22 | 日 | 中会議室 | 11:00 | 12:30 | 8 | 0 | 8 | エコクラフト教室 | 川崎みどり | 大路町5丁目 |
| 23 | 21 | 2024/9/22 | 日 | 小会議室 | 11:00 | 12:00 | 5 | 0 | 5 | 歴史民俗研究会 | 菊部博司 | 和田町1丁目 |
| 24 | 22 | 2024/9/23 | 月 | 中会議室 | 10:00 | 12:00 | 18 | 0 | 18 | 古山地区市民会 | 西野和幸 | 古山1丁目 |
| 25 | 23 | 2024/9/24 | 火 | 小ホール | 19:00 | 20:30 | 2 | 10 | 12 | こども能楽教室 | 金沢和義 | 沢津町3-3番地 |
| 26 | 24 | 2024/9/26 | 木 | 小ホール | 10:00 | 12:00 | 7 | 0 | 7 | くすのき会 | 鴨居聡 | 五島町6丁目 |
| 27 | 25 | 2024/9/27 | 金 | 大ホール | 9:00 | 17:00 | 50 | 350 | 400 | 吹奏楽連盟 | 吉野正治 | 緑ヶ丘南町5丁目 |
| 28 | 26 | 2024/9/28 | 土 | 小会議室 | 10:00 | 12:00 | 5 | 0 | 5 | 手芸サークル | 水田美穂 | さつきヶ丘2丁目 |
| 29 | 27 | 2024/9/28 | 土 | 小会議室 | 9:00 | 12:00 | 12 | 0 | 12 | ボランティアサークル | 林菜々美 | 緑ヶ丘南町1丁目 |
| 30 | 28 | 2024/9/29 | 日 | 大ホール | 9:30 | 17:00 | 20 | 67 | 87 | ダンスサークルSTEP | 北永恵美子 | 新町1丁目 |
| 31 | 29 | 2024/9/29 | 日 | 中会議室 | 9:00 | 16:30 | 25 | 0 | 25 | 収納アドバイザー協会 | 山寺浩美 | 山野町1丁目 |
| 32 | 30 | 2024/9/29 | 日 | 中ホール | 9:00 | 17:00 | 12 | 0 | 12 | 株式会社いきいき生活 | 董原良一 | 小梨1丁目 |
| 33 | 31 | 2024/9/30 | 月 | 大ホール | 14:00 | 17:00 | 55 | 0 | 55 | 雅野大学フィルハーモニー | 神田美登里 | 湖西町1丁目 |
| 34 | 32 | 2024/10/2 | 水 | 中会議室 | 15:00 | 17:00 | 15 | | 15 | 健康体操クラブ委員会 | 安永祥子 | 大木町3丁目 |
| 35 | 33 | 2024/10/3 | 木 | 小ホール | 15:00 | 17:00 | 18 | 0 | 18 | ヨガストレッチ教室 | 白井加奈 | 勝野町3丁目 |
| 36 | 34 | 2024/10/4 | 金 | 中ホール | 17:00 | 19:00 | 2 | 12 | 14 | 金管楽器教室 | 大村佐和 | 目川3丁目 |
| 37 | 35 | 2024/10/5 | 土 | 中ホール | 14:00 | 17:00 | 10 | 8 | 18 | バレエサークル | 平木美奈 | さつきヶ丘5丁目 |
| 38 | 36 | 2024/10/5 | 土 | 大ホール | 14:00 | 17:00 | 52 | 0 | 52 | 緑地区コーラス | 大北大輔 | 緑町3丁目 |
| 39 | 37 | 2024/10/6 | 日 | 小会議室 | 9:00 | 12:00 | 12 | 0 | 12 | ボランティアサークル | 林菜々美 | 緑ヶ丘南町1丁目 |
| 40 | 38 | 2024/10/6 | 日 | 大ホール | 8:30 | 18:00 | 35 | 0 | 35 | 市民コンサート運営協会 | 天本光也 | 川辺町8丁目 |
| 41 | 39 | 2024/10/6 | 日 | 中会議室 | 11:00 | 12:30 | 9 | 0 | 9 | エコクラフト教室 | 川崎みどり | 大路町5丁目 |
| 42 | 40 | 2024/10/7 | 月 | 大会議室 | 18:00 | 20:00 | 45 | 0 | 45 | 東部自治会 | 杉浦克己 | 矢野町4丁目 |
| 43 | 41 | 2024/10/8 | 火 | 小ホール | 19:00 | 20:30 | 2 | 10 | 12 | こども能楽教室 | 金沢和義 | 沢津町3-3番地 |
| 44 | 42 | 2024/10/10 | 木 | 小ホール | 15:00 | 17:00 | 18 | 0 | 18 | ヨガストレッチ教室 | 白井加奈 | 勝野町3丁目 |
| 45 | 43 | 2024/10/11 | 金 | 中ホール | 17:00 | 19:00 | 2 | 12 | 14 | 金管楽器教室 | 大村佐和 | 目川3丁目 |
| 46 | 44 | 2024/10/12 | 土 | 小ホール | 13:00 | 17:00 | 6 | 3 | 9 | 市民サークルいろは | 藤田和美 | 梅ノ木町1丁目 |
| 47 | 45 | 2024/10/13 | 日 | 大会議室 | 10:00 | 17:00 | 60 | 0 | 60 | 西部建設業協会 | 近藤茂之 | 本町3丁目 |
| 48 | 46 | 2024/10/13 | 日 | 中ホール | 14:00 | 17:00 | 12 | 4 | 16 | 生涯学習クラブ | 水野恭子 | 大井町3丁目 |
| 49 | | | | | | | | | | | | |

【準備】Excelを起動し、[Word&Excel課題集_2021]フォルダー内のファイル「施設利用管理表（入力）」を開きましょう。

① セルA2とA3の間でウィンドウ枠が固定されるように設定しましょう。

② セルA2～R45の範囲をテーブルに変換しましょう。変換時に適用する書式は任意のものでかまいません。

　ヒント　[先頭行をテーブルの見出しとして使用する]チェックボックスはオンにします。

③ 表に以下の新しいデータを3件入力しましょう。

　ヒント　テーブルに変換しているため書式や数式などは自動的に拡張されます。

　ヒント　"利用施設"を入力する際は「Alt」キー＋「↓」キーを使用してみましょう。

| 管理番号 | 利用日 | 曜日 | 利用施設 | 開始時刻 | 終了時刻 | 大人人数 | 子供人数 | 団体名 | 担当者名 | 住所 | 連絡先電話番号 | 当日緊急連絡先 | 貸出希望備品 | 受付担当 | 入力担当 | 実施状況 |
|---|---|---|---|---|---|---|---|---|---|---|---|---|---|---|---|---|
| 44 | 2024/10/12 | 土 | 小ホール | 13:00 | 16:00 | 6 | 3 | 市民サークルいろは | 藤田和美 | 梅ノ木町1丁目 | 218-5433 | 0X0-214X-32X3 | | 加藤 | 山野 | |
| 45 | 2024/10/13 | 日 | 大会議室 | 10:00 | 18:00 | 60 | 0 | 西部建設業協会 | 近藤茂之 | 本町3丁目 | 354-2391 | 0X0-331X-11X5 | 123456 | 加藤 | 山野 | |
| 46 | 2024/10/13 | 日 | 中ホール | 14:00 | 17:00 | 12 | 4 | 生涯学習クラブ | 水野恭子 | 大井町3丁目 | 231-4785 | 0X0-5X68-X123 | | 加藤 | 山野 | |

④ "利用施設"が"大ホール"のデータを抽出しましょう。抽出されたデータの件数を確認後（7件）、フィルターを解除しましょう。

⑤ "利用施設"が"大会議室"または"中会議室"または"小会議室"のデータを抽出しましょう。抽出されたデータの件数を確認後（20件）、フィルターを解除しましょう。

⑥ "2024年10月"のデータを抽出し、さらにそこから"土・日"だけのデータを抽出しましょう。抽出されたデータの件数を確認後（2件）、フィルターを解除しましょう。

　ヒント　曜日はB列の日付データをもとにしていますが、TEXT関数を使用して抽出ができる状態にしています。単にセルをリンクして「aaa」の表示形式を設定するだけでは抽出することはできません。

⑦ "人数計"が"80人以上"のデータを抽出しましょう。抽出されたデータの件数を確認後（3件）、フィルターを解除しましょう。

⑧ "人数計"が"20人～40人"のデータを抽出しましょう。抽出されたデータの件数を確認後（4件）、フィルターを解除しましょう。

⑨ 団体名"くすのき会"を検索機能で検索し、"開始時刻"を「10:00」に入力しなおしましょう。

　ヒント　検索機能以外に抽出機能を使用してもかまいません。操作後はフィルターを解除してください。

⑩ テーブルに集計行を表示し、"大人人数"、"子供人数"、"人数計"の合計を表示しましょう。

⑪ "2024年9月"の利用者人数合計を確認しましょう。なお"実施状況"がキャンセルのデータは省くように気を付けましょう（1280名）。確認後、集計行を非表示にしましょう。またすべてのフィルターを解除しましょう。

⑫　"実施状況" が "キャンセル" の行に取り消し線の書式を設定しましょう。"キャンセル" のデータを抽出すれば設定しやすくなります。設定後はフィルターを解除しましょう。

⑬　表を "利用日" の降順に並べ替えましょう。

⑭　表を "人数計" の昇順に並べ替えましょう。

⑮　表を "利用施設" の降順に並べ替え、かつ "開始時刻" の昇順に並べ替えましょう。

⑯　表を "管理番号" の昇順に並べ替えましょう。

　　ヒント　表を "管理番号" の昇順に並べ替えることで、最初の並び順に戻しています。

⑰　テーブルの書式を "なし" に設定しましょう。

⑱　テーブルを解除して通常の範囲に戻しましょう。

【終了】[Word&Excel課題集_2021] フォルダー内の [保存用] フォルダーに 「問題19施設利用管理表完成」 という名前で保存して、ブックを閉じましょう。

---

知 そこが りたい　**抽出や並べ替えはテーブル機能を使わないとできない？**

この課題では、表を "テーブル" に変換して抽出や並べ替えを行いましたが、表がリストの要件を満たしていれば、テーブルに変換しなくても [データ] タブの [フィルター] や [並べ替え] のボタンを使って抽出や並べ替えを行うことができます。

<リストの要件>
・先頭行に見出しセル（項目名が記載されたセル）がある
・1行につき1件のデータが入力されている
・データのセルを結合していない
・データ行に空白行が含まれていない　など。

59

# Excel

▶ COUNTIF関数 / 条件付き書式 / 印刷範囲の設定

既存ブックを開く

シフト表を作るときはシフトの組み合わせに悩みがちです。人員の不足がおきたり、スタッフの休日を忘れたりしないように、数式を作って人員数や休日数の管理をするシフト表を作ります。

## ■ 完成例

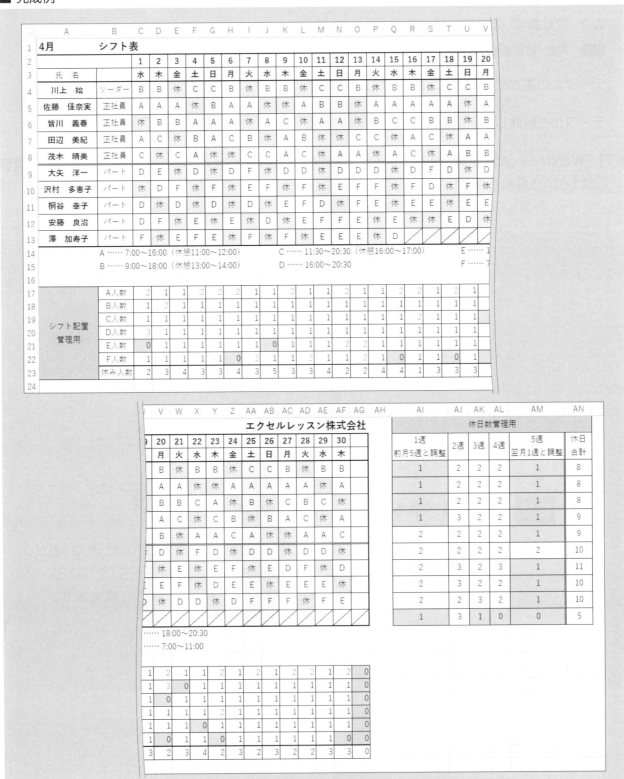

① 完成例と下図を参考にデータを入力しましょう。列の幅や行の高さも下図を参考に調整しましょう。また罫線や各種書式も設定しましょう。

> ヒント　シフトの中身はまだ入力しません。日付と曜日は連続データで入力しましょう。

> ヒント　列の幅、行の高さは完成例と正確に一致している必要はありません。

- □ セルA1〜AG1 …… フォントサイズ：14pt　太字
- □ セルA4〜A13、C2〜AG3 …… 太字
- □ セルA2〜AG13 …… 中央揃え　格子の罫線
- □ 全体の外枠と曜日の下側の行 …… 太線
- □ セルAG1 …… 右揃え
- □ 正社員とパートの行の境界線 …… 二重線
- □ セルR13〜AG13 …… 斜め罫線
- □ 土日のセル …… オレンジ、アクセント2、白 ＋ 基本色80％の塗りつぶし

| | A | B | C | D | E | F | G | H | I |
|---|---|---|---|---|---|---|---|---|---|
| 1 | 4月 | シフト表 | | | | | | | |
| 2 | 氏　名 | | 1 | 2 | 3 | 4 | 5 | 6 | 7 |
| 3 | | | 水 | 木 | 金 | 土 | 日 | 月 | 火 |
| 4 | 川上　始 | リーダー | | | | | | | |
| 5 | 佐藤　佳奈実 | 正社員 | | | | | | | |
| 6 | 皆川　義春 | 正社員 | | | | | | | |
| 7 | 田辺　美紀 | 正社員 | | | | | | | |
| 8 | 茂木　晴美 | 正社員 | | | | | | | |
| 9 | 大矢　洋一 | パート | | | | | | | |
| 10 | 沢村　多恵子 | パート | | | | | | | |
| 11 | 桐谷　幸子 | パート | | | | | | | |
| 12 | 安藤　良治 | パート | | | | | | | |
| 13 | 澤　加寿子 | パート | | | | | | | |
| 14 | | A …… 7:00〜16:00（休憩11:00〜12:00） | | | | | | | |
| 15 | | B …… 9:00〜18:00（休憩13:00〜14:00） | | | | | | | |

| | J | V | W | X | Y | Z | AA | AB | AC | AD | AE | AF | AG | A |
|---|---|---|---|---|---|---|---|---|---|---|---|---|---|---|
| 1 | | | | | エクセルレッスン株式会社 | | | | | | | | | |
| 2 | 9 | 20 | 21 | 22 | 23 | 24 | 25 | 26 | 27 | 28 | 29 | 30 | | |
| 3 | 日 | 月 | 火 | 水 | 木 | 金 | 土 | 日 | 月 | 火 | 水 | 木 | | |
| 14 | | …… 18:00〜20:30 | | | | | | | | | | | | |
| 15 | | …… 7:00〜11:00 | | | | | | | | | | | | |

② 各シフトの人数を集計するための次の数式を作成しましょう。作成後、セルAG列までコピーしましょう。

- □ セルC17 …… =COUNTIF(C4:C13,"A")
- □ セルC18 …… =COUNTIF(C4:C13,"B")
- □ セルC19 …… =COUNTIF(C4:C13,"C")
- □ セルC20 …… =COUNTIF(C4:C13,"D")
- □ セルC21 …… =COUNTIF(C4:C13,"E")
- □ セルC22 …… =COUNTIF(C4:C13,"F")
- □ セルC23 …… =COUNTIF(C4:C13,"休")

③ 第1週の休日数を集計するための次の数式を作成しましょう。作成後、13行目までコピーしましょう。

☐ セルAｲ4 …… =COUNTIF(C4:G4,"休")

④ セルC17〜AG22に次の2種類の条件付き書式を設定しましょう。

☐ セルの値が「0」の場合、セルの塗りつぶしの色を "ゴールド、アクセント4" に設定する

☐ セルの値が「2以上」の場合、文字の色を "青" に設定する

⑤ セルAｲ4〜AM13に次の条件付き書式を設定しましょう。

☐ セルの値が「2より小さい」場合、セルの塗りつぶしの色を "ゴールド、アクセント4" に設定する。

⑥ セルC4〜AG13に次の条件付き書式を設定しましょう。

☐ セルの値が「休」の場合、セルの塗りつぶしの色を "白、背景1、黒 ＋ 基本色15％" にする。

⑦ 完成例を参考にシフトを入力しましょう。

ヒント　自由にシフトを入力してもかまいません。その場合は誰もいない時間帯がでないように注意しましょう。また、各人の休日が最低でも週休2日となるよう注意しましょう。

⑧ シフト表のセル範囲(A1〜AG15)を印刷範囲に設定しましょう。

⑨ A4用紙横1枚の垂直水平中央に収まるように設定し、印刷プレビューを確認しましょう。

【終了】[Word&Excel課題集_2021] フォルダー内の [保存用] フォルダーに「問題20シフト表完成」という名前で保存して、ブックを閉じましょう。

▶ 数式の作成 / セルのコピー（元の列幅を保持）/ 行単位のコピー

薬の飲み忘れ防止に役立つおくすりカレンダーを作ります。このタイプのカレンダーは7日ごとに行が変わるため連続データで日付をコピーしづらく意外に作成が面倒な表です。

■ 完成例

| | A | B | C | D | E | F | G | H | I | J | K | L | M | N |
|---|---|---|---|---|---|---|---|---|---|---|---|---|---|---|
| 1 | 《おくすりカレンダー》　　令和○年　○月　　名前： | | | | | | | | | | | | | |
| 2 | | | | | | | 1 | | 2 | | 3 | | 4 | |
| 3 | 月 | | 火 | | 水 | | 木 | | 金 | | 土 | | 日 | |
| 4 | 朝 | □ | 朝 | □ | 朝 | □ | 朝 | □ | 朝 | □ | 朝 | □ | 朝 | □ |
| 5 | 昼 | □ | 昼 | □ | 昼 | □ | 昼 | □ | 昼 | □ | 昼 | □ | 昼 | □ |
| 6 | 夕 | □ | 夕 | □ | 夕 | □ | 夕 | □ | 夕 | □ | 夕 | □ | 夕 | □ |
| 7 | 寝 | □ | 寝 | □ | 寝 | □ | 寝 | □ | 寝 | □ | 寝 | □ | 寝 | □ |
| 8 | 血圧 心拍( ) [朝] / [夜] / | | 血圧 心拍( ) [朝] / [夜] / | | 血圧 心拍( ) [朝] / [夜] / | | 血圧 心拍( ) [朝] / [夜] / | | 血圧 心拍( ) [朝] / [夜] / | | 血圧 心拍( ) [朝] / [夜] / | | 血圧 心拍( ) [朝] / [夜] / | |
| 9 | 5 | | 6 | | 7 | | 8 | | 9 | | 10 | | 11 | |
| 10 | 月 | | 火 | | 水 | | 木 | | 金 | | 土 | | 日 | |
| 11 | 朝 | □ | 朝 | □ | 朝 | □ | 朝 | □ | 朝 | □ | 朝 | □ | 朝 | □ |
| 12 | 昼 | □ | 昼 | □ | 昼 | □ | 昼 | □ | 昼 | □ | 昼 | □ | 昼 | □ |
| 13 | 夕 | □ | 夕 | □ | 夕 | □ | 夕 | □ | 夕 | □ | 夕 | □ | 夕 | □ |
| 14 | 寝 | □ | 寝 | □ | 寝 | □ | 寝 | □ | 寝 | □ | 寝 | □ | 寝 | □ |
| 15 | 血圧 心拍( ) [朝] / [夜] / | | 血圧 心拍( ) [朝] / [夜] / | | 血圧 心拍( ) [朝] / [夜] / | | 血圧 心拍( ) [朝] / [夜] / | | 血圧 心拍( ) [朝] / [夜] / | | 血圧 心拍( ) [朝] / [夜] / | | 血圧 心拍( ) [朝] / [夜] / | |
| 16 | 12 | | 13 | | 14 | | 15 | | 16 | | 17 | | 18 | |
| 17 | 月 | | 火 | | 水 | | 木 | | 金 | | 土 | | 日 | |
| 18 | 朝 | □ | 朝 | □ | 朝 | □ | 朝 | □ | 朝 | □ | 朝 | □ | 朝 | □ |
| 19 | 昼 | □ | 昼 | □ | 昼 | □ | 昼 | □ | 昼 | □ | 昼 | □ | 昼 | □ |
| 20 | 夕 | □ | 夕 | □ | 夕 | □ | 夕 | □ | 夕 | □ | 夕 | □ | 夕 | □ |
| 21 | 寝 | □ | 寝 | □ | 寝 | □ | 寝 | □ | 寝 | □ | 寝 | □ | 寝 | □ |
| 22 | 血圧 心拍( ) [朝] / [夜] / | | 血圧 心拍( ) [朝] / [夜] / | | 血圧 心拍( ) [朝] / [夜] / | | 血圧 心拍( ) [朝] / [夜] / | | 血圧 心拍( ) [朝] / [夜] / | | 血圧 心拍( ) [朝] / [夜] / | | 血圧 心拍( ) [朝] / [夜] / | |
| 23 | 19 | | 20 | | 21 | | 22 | | 23 | | 24 | | 25 | |
| 24 | 月 | | 火 | | 水 | | 木 | | 金 | | 土 | | 日 | |
| 25 | 朝 | □ | 朝 | □ | 朝 | □ | 朝 | □ | 朝 | □ | 朝 | □ | 朝 | □ |
| 26 | 昼 | □ | 昼 | □ | 昼 | □ | 昼 | □ | 昼 | □ | 昼 | □ | 昼 | □ |
| 27 | 夕 | □ | 夕 | □ | 夕 | □ | 夕 | □ | 夕 | □ | 夕 | □ | 夕 | □ |
| 28 | 寝 | □ | 寝 | □ | 寝 | □ | 寝 | □ | 寝 | □ | 寝 | □ | 寝 | □ |
| 29 | 血圧 心拍( ) [朝] / [夜] / | | 血圧 心拍( ) [朝] / [夜] / | | 血圧 心拍( ) [朝] / [夜] / | | 血圧 心拍( ) [朝] / [夜] / | | 血圧 心拍( ) [朝] / [夜] / | | 血圧 心拍( ) [朝] / [夜] / | | 血圧 心拍( ) [朝] / [夜] / | |
| 30 | 26 | | 27 | | 28 | | 29 | | 30 | | 31 | | | |
| 31 | 月 | | 火 | | 水 | | 木 | | 金 | | 土 | | 日 | |
| 32 | 朝 | □ | 朝 | □ | 朝 | □ | 朝 | □ | 朝 | □ | 朝 | □ | 朝 | □ |
| 33 | 昼 | □ | 昼 | □ | 昼 | □ | 昼 | □ | 昼 | □ | 昼 | □ | 昼 | □ |
| 34 | 夕 | □ | 夕 | □ | 夕 | □ | 夕 | □ | 夕 | □ | 夕 | □ | 夕 | □ |
| 35 | 寝 | □ | 寝 | □ | 寝 | □ | 寝 | □ | 寝 | □ | 寝 | □ | 寝 | □ |
| 36 | 血圧 心拍( ) [朝] / [夜] / | | 血圧 心拍( ) [朝] / [夜] / | | 血圧 心拍( ) [朝] / [夜] / | | 血圧 心拍( ) [朝] / [夜] / | | 血圧 心拍( ) [朝] / [夜] / | | 血圧 心拍( ) [朝] / [夜] / | | 血圧 心拍( ) [朝] / [夜] / | |
| 37 | | | | | | | | | | | | | | |

【準備】Excelを起動し、新規ブックを作成しましょう。

① 次のように文字を入力しましょう。罫線や各種書式も設定しましょう。

> **ヒント** "名前："の後ろの下線(アンダースコア)はShiftキー＋「ろ」キーで入力します(何文字か続けて入力)。
> セルA2〜B2、A3〜B3、A8〜B8を結合します。
> B4〜B7の"□"は「しかく」と入力して変換します。
> B8はセル内で改行して入力します。また、カッコとスラッシュの記号は半角で入力します。

- □ セルA1 …… フォントサイズ：14pt
- □ セルA2 …… フォントサイズ：14pt　　太字
- □ セルA3 …… フォントサイズ：12pt　　太字
- □ セルA8〜B8 …… フォントサイズ：9pt
- □ セルA2〜B7 …… 中央揃え
- □ セルA2〜B3 …… セルの塗りつぶし：白、背景1、黒 ＋ 基本色5％
- □ A列の列の幅：4.25　　B列の列の幅：8.63

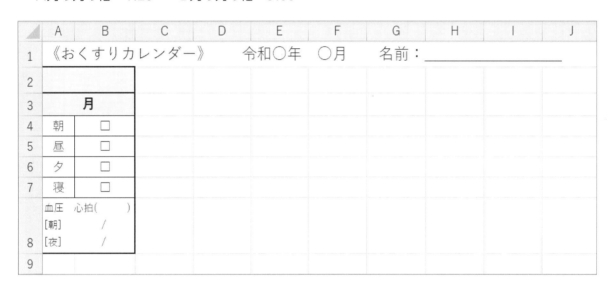

② セルA2〜B8をコピーして、セルC2に貼り付けましょう。その際、元の列の幅を保持しましょう。

③ 同様に貼り付け作業を行い、セルA2〜N8に7日分のカレンダーを作成しましょう。

④ "曜日"を連続データで修正しましょう。また土日のセルの塗りつぶしの色を変更しましょう。

- □ 土曜日のセル …… 青、アクセント1、白 ＋ 基本色40％
- □ 日曜日のセル …… オレンジ、アクセント2、白 ＋ 基本色40％

⑤ セルG2に「1」と入力しましょう。「2」「3」「4」は連続データで入力しましょう。

⑥ 2行目〜8行目を行ごと選択し、コピーして9行目に貼り付けましょう。

> **ヒント** 行ごと選択してコピーするのは、貼り付けた際に行の高さを維持するためです。

⑦ セルA9に以下の数式を作成しましょう。

- □ =M2＋1

⑧　セルC9に以下の数式を作成し、セルM9までコピーしましょう。

　　□　=A9＋1

⑨　9行目〜15行目までを行ごと選択し、コピーして16行目に貼り付けましょう。同様に貼り付けを繰り返し、第5週まで作成しましょう。第5週目に不必要な日付（32日や33日など）がある場合は削除しましょう。

⑩　用紙の余白を上下左右1cmに設定しましょう。また、A4用紙縦1枚に印刷が収まるように設定しましょう。

【終了】[Word&Excel課題集_2021]フォルダー内の[保存用]フォルダーに「問題21 おくすりカレンダー完成」という名前で保存して、ブックを閉じましょう。

---

知 そこが りたい　**セルに入力されたデータの末尾にカーソルを表示するには**

データ入力済みのセルの末尾にデータを追加入力したい場合は、ダブルクリックや数式バーを使う以外にキーボードのF2キーも便利です。F2キーを押すと、選択しているセルの末尾にカーソルが表示されます。
また、セルへのデータの入力時に、カーソルキー（矢印キー）を押すとセルが確定されてしまいますが、このときも一度F2キーを押してからカーソルキー（矢印キー）を押すとセルが確定されずにカーソルを移動することができます。

# Excel

## 22 健康管理グラフ

既存ブックを開く

▶ 表示形式 / 絶対参照を使った数式 / データの置換 / 折れ線グラフ / グラフの編集

毎日の体重、血圧、食べたものを記しておく健康管理表を作成します。体重と血圧はグラフ化し、より日々の変化が視覚的に分かるように仕上げます。

## ■ 完成例

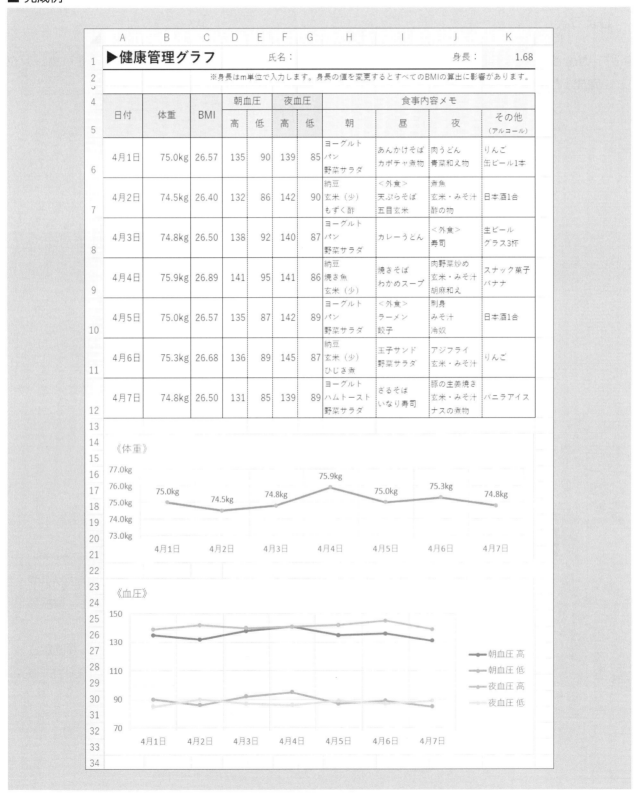

① セルA6〜A12の表示形式を○月○日形式に変更しましょう。

② セルB6〜B12の表示が "75.0kg" となるように表示形式を設定しましょう。

   □ ユーザー定義の表示形式：0.0 "kg"

③ セルC6に次の数式を作成しましょう。作成後、数式をセルC12までコピーしましょう。

   □ ＝B6／($K$1＊$K$1)

   **ヒント** BMI値 …… 体重kg÷（身長m×身長m）

④ セルC6〜C12に "0.00" の表示形式を設定しましょう。

   **ヒント** 小数点以下の表示桁数を増やす設定、またはユーザ定義の表示形式で設定します。

⑤ セルH6〜J12内にある「ご飯」という文字をすべて「玄米」に置き換えましょう。

⑥ 体重の変化が分かるマーカー付き折れ線グラフを作成し、セルA14〜K21に配置しましょう。

   **ヒント** K列の右端にぴったり合わせてしまうと、印刷時に2ページ目ができることがあるため、わずかに内側へサイ
   ズ調整しましょう。今回は最終的に1枚に縮小して印刷する設定を行います。

⑦ グラフにデータラベルを表示しましょう。

⑧ 数値軸の目盛単位を "0.5" から "1" に変更しましょう。

⑨ グラフタイトルを「《体重》」に変更し、完成例の位置に移動しましょう。

⑩ グラフの折れ線の色を "赤" に、マーカーの塗りつぶしと枠線の色を "薄い青" に変更しましょう。

   **ヒント** マーカーの色は [データ系列の書式設定] 作業ウィンドウの [塗りつぶしと線] の [マーカー] で設定できます。

⑪ グラフに "第1主縦軸" の目盛線を追加しましょう。

⑫ グラフ内の各文字を見やすいサイズに調整しましょう。

   **ヒント** 完成例では、グラフタイトルを12pt、その他の文字を10ptに設定しています。

⑬ セル範囲A4〜A12とD4〜G12をもとに、血圧の変化が分かるマーカー付き折れ線グラフを作成し、
   セルA23〜K33に配置しましょう。

⑭ 数値軸の最小値を "70" に、最大値を "150" に変更しましょう。

⑮ 数値軸の目盛単位を主軸 "20"、補助 "10" に変更しましょう。

⑯ グラフに "第1主縦軸" の目盛線と、"第1補助横軸" の目盛線を追加しましょう。

⑰ 凡例をグラフの右側に配置しましょう。

⑱ グラフタイトルを「《血圧》」に変更し、位置を完成例の位置に移動しましょう。

⑲　グラフ内の各文字を見やすいサイズに調整しましょう。

　　ヒント　完成例では、グラフタイトルを12pt、その他の文字を10ptに設定しています。

⑳　余白サイズを上下左右 "1cm" に変更しましょう。また表が用紙の左右中央（水平中央）に印刷され、
　　シートが1ページに収まるように印刷設定しましょう。

【終了】[Word&Excel課題集_2021] フォルダー内の ［保存用］ フォルダーに 「問題22健康管理グラフ完
　　成」という名前で保存して、ブックを閉じましょう。

---

知 そこが<br>りたい　　**画面では収まっているはずのデータが印刷するとはみ出てしまう**

画面上のシートではセルに収まっているはずの文字やグラフが、印刷すると切れて
いる、はみ出している……。Excelではこのようなことがよく起こります。
そのためExcelでは、印刷プレビューをこまめに見て、そのような箇所がないかを
たびたびチェックするとよいでしょう。
印刷プレビューは、ショートカットキーCtrl＋Pですぐに確認できます。
また確認後はEscキーで画面を戻すようにすると、よりスピーディーに次の操作が
行えます。

災害時に持ち出す用品をリストアップしておいて、いざというときに備えましょう。家族の避難場所や連絡先も記して、家族に適した非常持ち出し用品リストを完成させましょう。

## ■ 完成例

| | 災害時非常持ち出し用品リスト | | ★その他必要と思われる用品を書き出してみましょう | |
|---|---|---|---|---|
| | 現金（公衆電話用に小銭も） | | スマートフォン・携帯 | |
| | 身分証明書 | 情 | 携帯ラジオ（予備電池含む） | |
| | 健康保険証 | 報 | 充電器 | |
| 貴 | 銀行の口座番号 | 収 | 携帯バッテリー | |
| 重 | 生命保険の契約番号 | 集 | | |
| 品 | 印鑑 | | | |
| | 家の鍵や車の鍵 | | | |
| | | | 非常食（お餅や缶切りなども） | |
| | | 料 | 飲料水（1人1日3ℓが目安） | |
| | | | | |
| | ヘルメット・防災ずきん | | 眼鏡・コンタクトレンズ | |
| | 懐中電灯 | | タオル | |
| | 防寒用具 | | トイレットペーパー | |
| | スリッパ | | ウェットティッシュ | |
| 防 | 雨具 | | マスク | |
| 災 | 軍手（厚手のもの） | 日 | 常備薬・持病薬 | |
| 用 | 使い捨てカイロ | 用 | | |
| 品 | ビニール袋 | 品 | | |
| | マッチ・ライター | | | |

**■避難場所**

| ① | | ③ | |
|---|---|---|---|
| ② | | ④ | |

**■メモ**

**■家族の電話番号**

| 名前 | 電話番号 | 名前 | 電話番号 |
|---|---|---|---|
| | 携帯： | | 携帯： |
| | 勤務先： | | 勤務先： |
| | 携帯： | | 携帯： |
| | 勤務先： | | 勤務先： |

【準備】Excelを起動し、新規ブックを作成しましょう。

① 次のように文字を入力しましょう。

| | A | B | C | D | E | F | G | H |
|---|---|---|---|---|---|---|---|---|
| 1 | 災害時非常持ち出し用品リスト | | | | | | | |
| 2 | 貴重品 | | 現金（公衆電話用に小銭も） | | 情報収集 | | スマートフォン・携帯 | |
| 3 | | | 身分証明書 | | | | 携帯ラジオ（予備電池含む） | |
| 4 | | | 健康保険証 | | | | 充電器 | |
| 5 | | | 銀行の口座番号 | | | | 携帯バッテリー | |
| 6 | | | 生命保険の契約番号 | | | | | |
| 7 | | | 印鑑 | | | | | |
| 8 | | | 家の鍵や車の鍵 | | | | | |
| 9 | | | | | 食料 | | 非常食（お箸や缶切りなども） | |
| 10 | | | | | | | 飲料水（1人1日3ℓが目安） | |
| 11 | | | | | | | | |
| 12 | 防災用品 | | ヘルメット・防災ずきん | | 日用品 | | 眼鏡・コンタクトレンズ | |
| 13 | | | 懐中電灯 | | | | タオル | |
| 14 | | | 防寒用具 | | | | トイレットペーパー | |
| 15 | | | スリッパ | | | | ウェットティッシュ | |
| 16 | | | 雨具 | | | | マスク | |
| 17 | | | 軍手（厚手のもの） | | | | 常備薬・持病薬 | |
| 18 | | | 使い捨てカイロ | | | | | |
| 19 | | | ビニール袋 | | | | | |
| 20 | | | マッチ・ライター | | | | | |
| 21 | | | | | | | | |
| 22 | | | | | | | | |
| 23 | | | | | | | | |
| 24 | | | | | | | | |
| 25 | ■避難場所 | | | | | | | |
| 26 | ① | | | ③ | | | | |
| 27 | ② | | | ④ | | | | |
| 28 | | | | | | | | |
| 29 | ■家族の電話番号 | | | | | | | |
| 30 | 名前 | | 電話番号 | | 名前 | | 電話番号 | |
| 31 | | | 携帯： | | | | 携帯： | |
| 32 | | | 勤務先： | | | | 勤務先： | |
| 33 | | | 携帯： | | | | 携帯： | |
| 34 | | | 勤務先： | | | | 勤務先： | |
| 35 | | | | | | | | |

② セルA2〜A10を結合して縦書きに変更しましょう。同様にA12〜A23、E2〜E7、E9〜E10、E12〜E23もそれぞれ結合して縦書きに変更しましょう。

③ 完成例を参考にA列〜G列の幅を調整しましょう。

④ セルA26〜C27を横方向に結合しましょう。同様にセルD26〜G27、A31〜B34、E31〜F34を横方向に結合しましょう。

⑤ 次のように書式を設定しましょう。

　□ セルA1〜G1 ……… フォントサイズ：14pt　　太字　　セルを結合して中央揃え

　□ セルA25、A29 ……… フォントサイズ：12pt

☐ セルA30〜B30、E30〜F30 …… セルを結合して中央揃え

☐ セルC30、G30 …… 中央揃え

⑥ 完成例を参考にA列〜G列に罫線を引きましょう。

⑦ A列〜G列を範囲選択し、コピーしてH1に貼り付けましょう。

⑧ セルH2〜N23に入力されている文字を削除しましょう。また、セルH1に「★その他必要と思われる用品を書き出してみましょう」と入力しましょう。

⑨ セルH2〜H23のセルの結合を解除して再結合しましょう。同様にL2〜L23を再結合しましょう。

⑩ セルH2〜J23に罫線"格子"を設定しましょう。同様にL2〜N23にも罫線を設定しましょう。

ヒント すでに設定対象セルのほとんどに格子が引かれていますが、一部欠けているセルがあります。

⑪ セルH25に「■メモ」と入力しましょう。

⑫ セルH26〜N34に入力されている文字を削除し、セルの結合を解除して再結合しましょう。また、外枠の罫線を設定しましょう。

⑬ 印刷プレビューを確認しましょう。ページの境界線がG列とH列の間になっていない場合は、列の幅を調整して対処しましょう。

ヒント 列幅の調整でうまくいかない場合は、改ページプレビュー機能を使ってもかまいません。

ヒント G列右側の罫線が消えている場合は引き直しましょう。

ヒント 両面印刷が可能なプリンターが利用できる場合は両面印刷してみましょう。

【終了】[Word&Excel課題集_2021] フォルダー内の [保存用] フォルダーに「問題23災害時持ち出し用品リスト完成」という名前で保存して、ブックを閉じましょう。

介護の仕事をされている方なら日報をExcelで作ることも珍しくはないと思います。ここでは少し便利なチェックボックスを利用した日報を作成します。介護記録に限らず、さまざまな場面で活用できます。

■ 完成例

| | | | | |
|---|---|---|---|---|
| | A B C D E F G H I J | | | |

**■介護記録簿**　　　　　　　　　　　　　　　　総合ケアセンターふるさと

| | | | |
|---|---|---|---|
| 利用者様名 | | 様 | ヘルパー名 |
| 利用年月日 | 2023年6月10日　　14:00　〜　18:00 | | 印 |

| | | | |
|---|---|---|---|---|
| 身体介護 | 排泄 | ☑ トイレ介助　　☑ オムツ交換　　☑ 洗浄・清拭<br>□ ポータブルトイレ介助<br>記録 | | |
| | 食事 | ☑ 全体介助　　□ 一部介助　　□ 見守り　　□ 水分補給<br>記録 | | |
| | 保清<br>整容 | □ 清拭（全身）　□ 清拭（部分）　☑ 洗面　　☑ 口腔ケア<br>□ 爪切り　　□ 整髪<br>記録 | | |
| | 移乗<br>移動 | □ 体位変換　□ 移乗　　□ 移動　　□ 通院<br>□ 外出　　□ 買物<br>記録 | | |
| | 更衣 | □ 全体介助　　□ 一部介助　　□ 見守り　　□ 水分補給<br>記録 | | |
| | 服薬 | □ 服薬介助　　□ 服薬確認　　□ 湿布・軟膏　　□ 点眼<br>□ その他<br>記録 | | |
| 生活援助 | 清掃 | □ 掃除　　□ 片付け　　□ ゴミ出し | | |
| | 洗濯 | □ 洗濯　　□ 洗濯物干し　　□ 取り入れ　　□ たたむ・収納 | | |
| | 調理 | □ 調理　　□ 配膳　　□ 片付け | | |
| | 寝具 | □ シーツ交換　　□ 布団干し | | |
| 自立支援 | | □ 共に行う調理　□ 共に行う家事　□ 共に行う買物<br>□ 自立支援のための声掛け・見守り<br>記録 | | |
| その他の記録・気づいたこと | | | | |

① 利用年月日のセルにTODAY関数を使って、今日の日付を表示させましょう。表示形式は○年○月○
　　日形式にしましょう。

② [開発] タブを表示して、任意の場所に "チェックボックス(フォームコントロール)" を挿入しましょう。
　　ヒント　[開発] タブは、リボン上で右クリック→[リボンのユーザー設定]→ ☑ [開発] で表示できます。

③ 挿入したチェックボックスにあらかじめ付属している文字列を削除し、セルC5にチェックボックス
　　が収まるように配置しましょう。その際チェックボックス周囲の枠 (ハンドル) をセルC5内に収まる
　　程度にサイズ調整しましょう。
　　ヒント　この枠幅が広いと、クリックに反応するエリアが必要以上に広くなって使いづらくなってしまいます。
　　ヒント　一度選択解除したチェックボックスを再度選択する場合は、Ctrlキーを押しながらクリックします。

④ 一度チェックボックス以外の箇所をクリックして選択を解除しましょう。チェックボックスをクリッ
　　クして、チェックのオン/オフが切り替えられることを確認しましょう。

⑤ セルC5のチェックボックスをコピーして、セルE5、G5、C6にも配置しましょう。
　　ヒント　一度選択解除したチェックボックスを再度選択する場合は、Ctrlキーを押しながらクリックします。
　　ヒント　Ctrl＋Dで選択しているオブジェクトを複製することができます。

⑥ シートが1ページに収まるように印刷設定をしましょう。さらに用紙の水平・垂直ともに中央に印刷
　　されるように設定しましょう。

# Excel

## 25 自分史年表とグラフ

新規ブックから作成

▶ ユーザー定義の表示形式（西暦・和暦）／ 空白行以外の抽出 ／グラフの挿入・編集

自分のこれまでの足跡をまとめた"自分史年表"を作成します。また、人生のさまざまな場面を点数化してグラフ化する"ライフチャート"も作成してみます。

■ 完成例

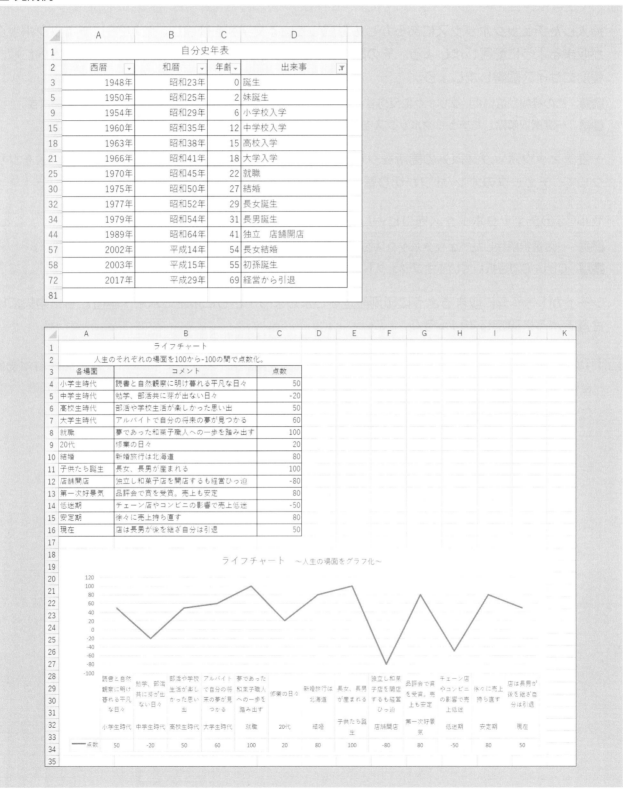

① ワークシート名を「年表」に変更しましょう。

② 次のようにデータを入力しましょう。列の幅やセル結合、文字揃えや罫線や塗りつぶしなどの書式も設定しましょう。

- □ セルA1 …… フォントサイズ：12pt
- □ セルA2〜D2 …… 塗りつぶしの色：薄い灰色、背景2

| | A | B | C | D |
|---|---|---|---|---|
| 1 | 自分史年表 | | | |
| 2 | 西暦 | 和暦 | 年齢 | 出来事 |
| 3 | 1948/5/16 | | 0 | |
| 4 | 1949/1/1 | | 1 | |
| 5 | | | | |

③ セルA3〜A4に次の表示形式を設定しましょう。

- □ ユーザー定義の表示形式 …… yyyy"年"

④ セルA4をもとに、セルA80まで "年単位" の連続データをコピーしましょう。

⑤ セルB3に次の数式を作成しましょう。

- □ =A3

⑥ セルB3に次の表示形式を設定しましょう。

- □ ユーザー定義の表示形式 …… ggge"年"

⑦ セルB3をもとに、セルB80まで "年単位" の連続データをコピーしましょう。

⑧ セルC3〜C4をもとに、セルC80まで連続データをコピーしましょう。

⑨ D列の該当セルに次のデータを入力しましょう。また、セルD80まで罫線を設定しましょう。

| | | | |
|---|---|---|---|
| 1948年（昭和23年） | 誕生 | 1975年（昭和50年） | 結婚 |
| 1950年（昭和25年） | 妹誕生 | 1977年（昭和52年） | 長女誕生 |
| 1954年（昭和29年） | 小学校入学 | 1979年（昭和54年） | 長男誕生 |
| 1960年（昭和35年） | 中学校入学 | 1989年（昭和64年） | 独立　店舗開店 |
| 1963年（昭和38年） | 高校入学 | 2002年（平成14年） | 長女結婚 |
| 1966年（昭和41年） | 大学入学 | 2003年（平成15年） | 初孫誕生 |
| 1970年（昭和45年） | 就職 | 2017年（平成29年） | 経営から引退 |

⑩ 作成した年表にフィルターを設定し、"出来事" の列の空白以外のセルを抽出して、出来事のあった行だけが表示されるようにしましょう。

⑪ 新しいワークシートを追加し、シート名を「チャート」に変更しましょう。

⑫　次のようにデータを入力しましょう。列の幅も適宜調整しましょう。セル結合、文字揃えや罫線や塗りつぶしなどの書式も設定しましょう。

　□　セルA1 …… フォントサイズ：12pt

　□　セルA3～C3 …… 塗りつぶしの色：薄い灰色、背景2

| | A | B | C |
|---|---|---|---|
| 1 | | ライフチャート | |
| 2 | 人生のそれぞれの場面を100から-100の間で点数化。 | | |
| 3 | 各場面 | コメント | 点数 |
| 4 | 小学生時代 | 読書と自然観察に明け暮れる平凡な日々 | 50 |
| 5 | 中学生時代 | 勉学、部活共に芽が出ない日々 | -20 |
| 6 | 高校生時代 | 部活や学校生活が楽しかった思い出 | 50 |
| 7 | 大学生時代 | アルバイトで自分の将来の夢が見つかる | 60 |
| 8 | 就職 | 夢であった和菓子職人への一歩を踏み出す | 100 |
| 9 | 20代 | 修業の日々 | 20 |
| 10 | 結婚 | 新婚旅行は北海道 | 80 |
| 11 | 子供たち誕生 | 長女、長男が産まれる | 100 |
| 12 | 店舗開店 | 独立し和菓子店を開店するも経営ひっ迫 | -80 |
| 13 | 第一次好景気 | 品評会で賞を受賞。売上も安定 | 80 |
| 14 | 低迷期 | チェーン店やコンビニの影響で売上低迷 | -50 |
| 15 | 安定期 | 徐々に売上持ち直す | 80 |
| 16 | 現在 | 店は長男が後を継ぎ自分は引退 | 50 |
| 17 | | | |

⑬　セル範囲A3～C16をもとに"2-D折れ線グラフ"を挿入し、完成例を参考にサイズや位置を適宜調整しましょう。

⑭　挿入したグラフをクイックレイアウトの「レイアウト5」に設定しましょう。

　ヒント　データテーブルが表示されているタイプです。

⑮　ラベル"軸ラベル"の表示を削除しましょう。

⑯　グラフのタイトルを「ライフチャート　～人生の場面をグラフ化～」に変更しましょう。

　□　「ライフチャート」…… フォントサイズ：14pt

　□　「～人生の場面をグラフ化～」…… フォントサイズ：11pt

【終了】[Word&Excel課題集_2021] フォルダー内の [保存用] フォルダーに 「問題25自分史年表グラフ完成」という名前で保存して、ブックを閉じましょう。

# Excel

## 26 医療費控除記録シート

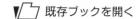
▶ 入力規則(リストから選択) / ピボットテーブルの作成と編集 / ピボットテーブルの更新

確定申告の際の医療費控除の申請用紙を記入するときに役立つ記録シートを作成します。日々の医療費の記録をデータベースとして入力しておき、最後にピボットテーブルで集計します。

## ■ 完成例

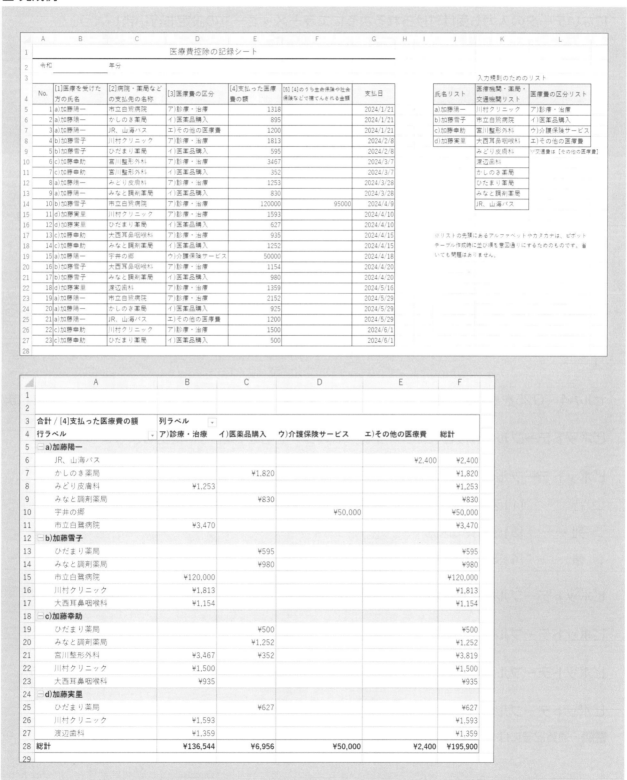

① セルB5〜B27に、リストから選んで入力できるタイプの入力規則を設定しましょう。

    □ リスト範囲：セルJ5〜J8（氏名リスト）

    **ヒント** データの追加入力に対応するため27行目まで設定しています。さらに下の行まで設定してもかまいません。

② セルC5〜C27に、リストから選んで入力できるタイプの入力規則を設定しましょう。なお、リストにないデータの入力も受け付けられるようにエラーメッセージの設定も行いましょう。

    □ リスト範囲：セルK5〜K14（医療機関・薬局・交通機関リスト）

    □ エラーメッセージ：[無効なデータが入力されたらエラーメッセージを表示する] をオフ

③ セルD5〜D27に、リスト範囲から選んで入力できるタイプの入力規則を設定しましょう。

    □ リスト範囲：セルL5〜L8（医療費の区分リスト）

④ セルA22〜A25に上のセル（A21）から続く連続データを入力しましょう。

⑤ 次のようにデータを入力しましょう。

    **ヒント** データはリストから選ぶこともできますし、同じデータはコピーすることもできます。

    **ヒント** 罫線は必要に応じて設定してください。

| 22 | 18 | d)加藤実里 | 渡辺歯科 | ア)診療・治療 | 1359 | | 2024/5/16 |
|---|---|---|---|---|---|---|---|
| 23 | 19 | a)加藤陽一 | 市立白鷺病院 | ア)診療・治療 | 2152 | | 2024/5/29 |
| 24 | 20 | a)加藤陽一 | かしのき薬局 | イ)医薬品購入 | 925 | | 2024/5/29 |
| 25 | 21 | a)加藤陽一 | JR、山海バス | エ)その他の医療費 | 1200 | | 2024/5/29 |
| 26 | | | | | | | |

⑥ セルA4〜G25をもとにピボットテーブルを作成しましょう。作成場所は新規ワークシートにします。

⑦ ピボットテーブルが作成されたワークシートのシート名を「集計」に変更しましょう。

⑧ ピボットテーブルのフィールドのレイアウトを以下のように設定しましょう。

    □ 行 …… "[1]医療を受けた方の氏名" と "[2]病院・薬局などの支払先の名称"

    □ 列 …… "[3]医療費の区分"

    □ 値 …… "[4]支払った医療費の額"

⑨ ピボットテーブルの小計を表示しないように設定しましょう。

⑩ ピボットテーブルスタイルを "白、ピボット スタイル（淡色）8" に設定しましょう。

⑪ ピボットテーブルスタイルのオプションの "縞模様（行）" と "縞模様（列）" をオンにしましょう。

⑫ ピボットテーブル内の数値のセルに "通貨" の表示形式を設定しましょう。

    **ヒント** 通貨記号には "¥" を使用します。

⑬　ワークシート "入力シート" のセルE7のデータを「1200」に入力し直し、ピボットテーブルを更新しましょう。

> ヒント　ピボットテーブルのシート "集計" のセルE6の値の変化に注目して更新してください。

⑭　ワークシート "入力シート" の26行目〜27行目に次のデータを入力しましょう。

> ヒント　罫線は必要に応じて設定してください。

| 26 | 22 | c)加藤幸助 | 川村クリニック | ア)診療・治療 | 1500 | | 2024/6/1 |
| 27 | 23 | c)加藤幸助 | ひだまり薬局 | イ)医薬品購入 | 500 | | 2024/6/1 |
| 28 | | | | | | | |

⑮　⑭の操作で追加入力したデータをピボットテーブルに反映させるため、ピボットテーブルのデータソースの変更を行いましょう。

⑯　値ボックスから "[4]支払った医療費の額" フィールドを削除し、代わりに "[5] [4]のうち生命保険や社会保険などで補てんされる金額" フィールドをレイアウトしましょう。
結果の確認後、再度 "[4]支払った医療費の額" フィールドを [値] ボックスにレイアウトし、"[5] [4]のうち生命保険や社会保険などで補てんされる金額" フィールドを削除しましょう。

> ヒント　操作後、"¥" 記号が解除された状態になるため再度設定してください。

⑰　ワークシート "集計" と "入力シート" の順番を入れ替えましょう。

【終了】[Word&Excel課題集_2021] フォルダー内の [保存用] フォルダーに「問題26 医療費控除記録シート完成」という名前で保存して、ブックを閉じましょう。

---

知 そこが りたい　**ピボットテーブルって？**

ピボットテーブルは、データの集計や分析を行うための機能です。ピボットテーブルを使用するには、もとになるデータベース型の表が必要です。
通常、データ件数の多いデータベース型の表を集計表にまとめるのは大変な作業ですが、ピボットテーブル化することで簡単に集計表が作成できます。
またその際の集計方法も、合計だけでなく平均やデータの個数、標準偏差など、さまざまな集計スタイルが用意されています。
ピボットテーブルはデータの集計や分析に欠かせないツールです。

10％と8％の両方の税率を明記した請求書を作成します。SUMIF関数やIF関数を使って使いやすい書類を作りましょう。

■ 完成例

| | A | B | C | D | E | F | G |
|---|---|---|---|---|---|---|---|
| 1 | 請 求 書 | | | | 2023　年　10　月　25　日 | | |
| 2 | | | | | | No. | |
| 3 | 株式会社マイクロワークス | | 様 | | | | |
| 4 | | | | | | | |
| 5 | | | | | オフィス用品エクセル販売 | | |
| 6 | 下記のとおりご請求申し上げます | | | | 〒460-0008 | | |
| 7 | 税込合計金額 | ¥29,745 | | | 愛知県名古屋市中区栄X-X-5 | | |
| 8 | 消費税額 | ¥2,625 | | | TEL　052-XXX-XXXX | | |
| | | | | | 登録番号　　　T1234567890123 | | |
| 9 | | | | | | | |
| 10 | 日　付 | 品　　名 | | 数量 | 単　価 | 金　額 | 税　率 |
| 11 | 10月5日 | オフィスチェアー | | 2 | 7,500 | 15,000 | 10% |
| 12 | | ミネラルウォーター | ※ | 20 | 70 | 1,400 | 8% |
| 13 | | リングファイルA4タテ | | 10 | 400 | 4,000 | 10% |
| 14 | | ボトルコーヒー | ※ | 10 | 150 | 1,500 | 8% |
| 15 | | | | | | | |
| 16 | 10月18日 | 粉末緑茶 | ※ | 3 | 340 | 1,020 | 8% |
| 17 | | コーヒーシュガー | ※ | 2 | 200 | 400 | 8% |
| 18 | | コピー用紙（箱） | | 1 | 2,800 | 2,800 | 10% |
| 19 | | 油性マーカー | | 10 | 100 | 1,000 | 10% |
| 20 | | | | | | | |
| 21 | | | | | | | |
| 22 | | | | | | | |
| 23 | ※印は軽減税率対象品 | | | | 税率 | 税率別金額合計 | 消費税額 |
| 24 | | | | | 10% | 22,800 | 2,280 |
| 25 | | | | | 8% | 4,320 | 345 |
| 26 | | | | | | | |

**【準備】** Excelを起動し、新規ブックを作成しましょう。

① 次のようにデータを入力しましょう。列の幅や行の高さの設定やセル結合の設定も行いましょう。

| | A | B | C | D | E | F | G |
|---|---|---|---|---|---|---|---|
| 1 | 請 求 書 | | | | | | 2023/10/25 |
| 2 | | | | | | No. | |
| 3 | 株式会社マイクロワークス | | | | | | |
| 4 | | | 様 | | | | |
| 5 | | | | | | オフィス用品エクセル販売 | |
| 6 | 下記のとおりご請求申し上げます | | | | | 〒460-0008 | |
| 7 | 税込合計金額 | | | | | 愛知県名古屋市中区栄X-X-5 | |
| | | | | | | TEL　052-XXX-XXXX | |
| 8 | 消費税額 | | | | 登録番号 | T1234567890123 | |
| 9 | | | | | | | |
| 10 | 日　付 | 品　名 | | 数量 | 単　価 | 金　額 | 税　率 |
| 11 | 2023/10/5 | オフィスチェアー | | 2 | 7500 | | |
| 12 | | ミネラルウォーター | ※ | 20 | 70 | | |
| 13 | | リングファイルA4タテ | | 10 | 400 | | |
| 14 | | ボトルコーヒー | ※ | 10 | 150 | | |
| 15 | | | | | | | |
| 16 | 2023/10/5 | 粉末緑茶 | ※ | 3 | 340 | | |
| 17 | | コーヒーシュガー | ※ | 2 | 200 | | |
| 18 | | コピー用紙（箱） | | 1 | 2800 | | |
| 19 | | 油性マーカー | | 10 | 100 | | |
| 20 | | | | | | | |
| 21 | | | | | | | |
| 22 | | | | | | | |
| 23 | ※印は軽減税率対象品 | | | 税率 | 税率別金額合計 | 消費税額 | |
| 24 | | | | | 10% | | |
| 25 | | | | | 8% | | |
| 26 | | | | | | | |

② 次のように書式を設定しましょう。

☐ セルA1～A2 …… フォントサイズ：20pt　　太字

☐ セルF1～G1 …… 表示形式：長い日付形式　　均等割付(インデント0)

☐ セルF2 …… 右揃え

☐ セルA3～B4 …… フォントサイズ：16pt　　下揃え

- [ ] セルA1〜G2、A7〜A8、A10〜G10、E23〜G23 …… 塗りつぶしの色：薄い灰色、背景2
- [ ] セルB7 …… フォントサイズ：16pt　太字　通貨表示形式（¥マーク）
- [ ] セルB8 …… フォントサイズ：12pt　通貨表示形式（¥マーク）
- [ ] セルE5〜G7 …… 左詰め（インデント2）
- [ ] セルA10〜G10、A11〜A22、C11〜C22、E23〜G23 …… 中央揃え
- [ ] セルE8 …… 右揃え
- [ ] セルA11〜A22 …… 表示形式：日付（○月○日）
- [ ] セルD11〜F22、F24〜G25 …… 表示形式：桁区切りスタイル（カンマ）
- [ ] セルG11〜G22 …… 表示形式：パーセントスタイル

③ 完成例を参考に罫線を引きましょう。

④ セルF11に、"E列が空白のときはF列も空白にし、空白でない場合には数量×単価を計算する"数式を作成しましょう。作成後、数式をセルF22までコピーしましょう。

　　ヒント　IF関数を使用します。

⑤ セルG11に、"C列に"※"が入力されると自動的にG列に8％が入力され、それ以外のときは10％が入力される"数式を作成しましょう。ただしB列が空白の時はG列も空白にします。作成後、数式をセルG22までコピーしましょう

　　ヒント　IF関数をネストして使用します。

⑥ セルF24に、税率が10％の金額の合計を計算する数式を作成しましょう。

　　ヒント　SUMIF関数を使用します。

⑦ セルF25に、税率が8％の金額の合計を計算する数式を作成しましょう。

　　ヒント　SUMIF関数を使用します。

⑧ セルG24に、"税率×税率別金額合計"の数式を作成しましょう。ただし、小数点以下が発生する場合は切り捨てて整数にします。作成後、数式をセルG25までコピーしましょう。

　　ヒント　INT関数またはROUNDDOWN関数を使用します。

⑨ セルB7に、10％・8％両税率の"税率別金額合計"と"消費税額"を合計する数式を作成しましょう。

　　ヒント　SUM関数を使用します。

⑩ セルB8に、10％・8％両税率の"消費税額"を合計する数式を作成しましょう。

　　ヒント　SUM関数を使用します。

⑪ 印刷プレビューを確認し、シートが1ページに収まるように印刷の設定をしましょう。

【終了】［Word&Excel課題集_2021］フォルダー内の［保存用］フォルダーに「問題27 軽減税率対応請求書完成」という名前で保存して、ブックを閉じましょう。

# Word&Excel
## 課題

往復はがきの作成は、両面ともに"はがき宛名印刷ウィザード"を使用しますが、住所録データの差し込みが必要なのは往信面のみです。返信面の宛名には自分の名前（差出人名）が入ります。今回は住所録をExcelで作成しますが、Wordの表などでも可能です。

■ 完成例

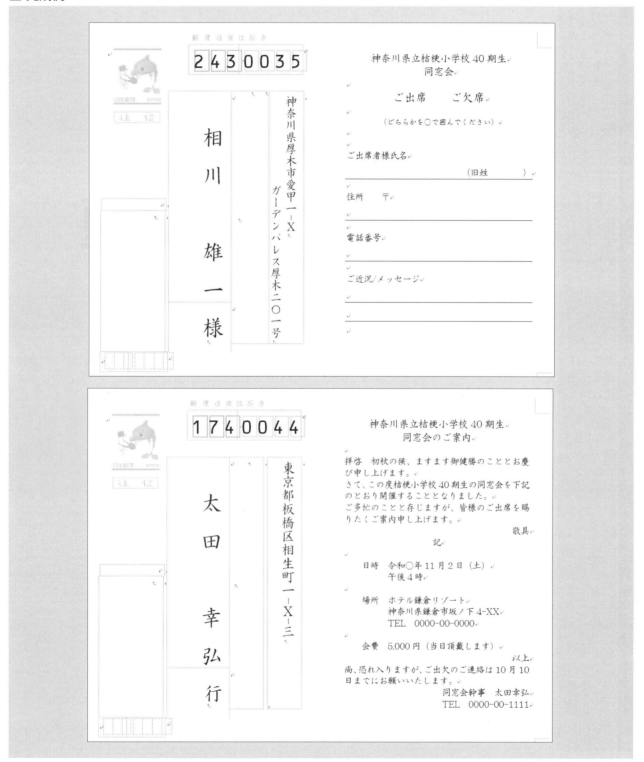

① Excelの新規ブックを作成しましょう。

② ワークシート名を「同窓会名簿」に変更しましょう。

③ 次のように表を作成しましょう。

> **ヒント** "住所 1"は"住所"と"1"の間に半角空白を入力しています。"住所 2"も同様に入力してください。
>
> **ヒント** 罫線や文字揃えなどの書式は自由に設定してください。

| | A | B | C | D | E |
|---|---|---|---|---|---|
| 1 | No. | 郵便番号 | 住所 1 | 住所 2 | 氏名 |
| 2 | 1 | 243-0035 | 神奈川県厚木市愛甲1-X | ガーデンパレス厚木201号 | 相川　雄一 |
| 3 | 2 | 250-0877 | 神奈川県小田原市上新田4-X | | 加藤　美幸 |
| 4 | 3 | 243-0437 | 神奈川県海老名市泉2-X-2 | | 佐藤　弘 |
| 5 | 4 | 248-0021 | 神奈川県鎌倉市坂ノ下5-X-1 | リーズ鎌倉1405号 | 田島　加織 |
| 6 | 5 | 253-0033 | 神奈川県茅ヶ崎市汐見台3-X | サンフィールA-607号 | 並木　亮太 |
| 7 | | | | | |

④ [Word&Excel課題集_2021] フォルダー内の [保存用] フォルダーに「問題28同窓会名簿」という名前でブックを保存し、ブックを閉じましょう。

⑤ Wordの新規文書を作成し、はがき宛名面印刷ウィザードを使って往復はがきを作成しましょう。設定は以下のとおりです。

| | |
|---|---|
| はがきの種類 | 往復はがき |
| はがきの様式 | 縦書き　　差出人の郵便番号を住所の上に印刷する：オフ |
| 宛名/差出人のフォント | HG正楷書体-PRO　　宛名住所内の数字を漢数字に変換する：オン |
| 差出人情報 | 差出人を印刷する：オフ |
| 宛名に差し込む住所録ファイル | [Word&Excel課題集_2021] フォルダー内 [保存用] フォルダーのExcelファイル [問題28同窓会名簿] の [同窓会名簿] シート |
| 宛名の敬称 | 様 |

⑥ 住所の左端がわずかに切れています。フォントサイズを小さくして収まるように設定しましょう。

⑦ 2件目以降の宛名も差し込まれているか確認しましょう。最後のレコードまで確認したら、1件目のレコードに戻しましょう。

⑧　往復はがき右面のテキストボックス内に、次のような文面を作成しましょう。

ヒント　テキストボックス内は縦書きの設定になっているので、横書きに変更してから入力を行いましょう。

- □　1〜2行目（神奈川県立〜同窓会）…… フォントサイズ：12pt　　中央揃え

- □　4行目（ご出席　ご欠席）…… フォントサイズ：14pt　　中央揃え

- □　6行目（どちらかを○で囲んでください）…… フォントサイズ：9pt　　中央揃え

- □　10行目（ご出席者様氏名の下の行）…… 段落前：0.5行　　右揃え　　段落罫線：下罫線

- □　13行目（住所の下の行）…… 段落前：0.5行　　段落罫線：下罫線

- □　16行目（電話番号の下の行）…… 段落前：0.5行　　段落罫線：下罫線

- □　19〜21行目（ご近況/メッセージの下の行〜最終行）…… 段落前0.5行　　段落罫線：横罫線（内側）

⑨　文書に「問題28同窓会往復はがき（往信面）完成」と名前を付けて [Word&Excel課題集_2021] フォルダー内の [保存用] フォルダーに保存しましょう。

ヒント　印刷環境が整っている場合は、1件目のはがきを印刷してみましょう。[はがき宛名面印刷] タブの [表示中のはがきを印刷] ボタンを使用します。なお、プリンターに往復はがきと同サイズの用紙がセットされていないと印刷できないことがあります。

⑩ 次に返信面を作成します。再度、はがき宛名面印刷ウィザードを使って往復はがきを作成しましょう。設定は以下のとおりです。

| はがきの種類 | 往復はがき |
|---|---|
| はがきの様式 | 縦書き　　差出人の郵便番号を住所の上に印刷する：オフ |
| 宛名/差出人のフォント | HG正楷書体-PRO　　宛名住所内の数字を漢数字に変換する：オン |
| 差出人情報 | 差出人を印刷する：オフ |
| 宛名に差し込む住所録ファイル | 使用しない（自分への返信用のため） |
| 宛名の敬称 | 行（または宛） |

ヒント　往復はがきの左上には "往 信" と表示されますが、これは印刷されませんので気にする必要はありません。

⑪ 作成された往復はがきの宛名面に、幹事の住所、氏名を入力しましょう。

ヒント　直接入力もできますが、ここでは [はがき宛名面印刷] タブの [宛名住所の入力] ボタンを使用しましょう。

□ 氏名 …… 太田　幸弘

□ 郵便番号 …… 174-0044 （入力時、ハイフンは省略できます）

□ 住所 1 …… 東京都板橋区相生町1-X-3

⑫ 敬称 "行"（または "宛"）のフォントサイズを22 ptに変更しましょう。

⑬ 往復はがき右面のテキストボックス内に、次のような文面を作成しましょう。

ヒント　テキストボックス内は縦書きの設定になっているので、横書きに変更してから入力を行いましょう。

□ 1〜2行目(神奈川県立〜同窓会のご案内) …… フォントサイズ：12pt　　中央揃え

□ 13行目(日時〜) …… 左インデント：2字

□ 14行目(午後4時) …… 左インデント：5字

□ 16行目(場所〜) …… 左インデント：2字

□ 17〜18行目(神奈川県〜TEL 0000-00-0000) …… 左インデント：5字

□ 20行目(会費〜) …… 左インデント：2字

□ 24〜25行目 …… 右揃え

⑭　文書に「問題28同窓会往復はがき(返信面)完成」と名前を付けて [Word&Excel課題集_2021] フォルダー内の [保存用] フォルダーに保存しましょう。

ヒント　⑩で "往信面" を印刷している場合は、その裏面に今作成した "返信面" を印刷してみましょう。

【終了】Word文書「問題28同窓会往復はがき(返信面)完成」と「問題28同窓会往復はがき(往信面)完成」を閉じましょう。白紙の文書が残っている場合はそれも閉じましょう。
Excelを閉じましょう。

# Word / Excel

## 29 自主防災訓練のご案内

既存ファイルから作成

▶ 差し込み印刷（レター）／ 差し込みフィールドの挿入 ／ 差し込みデータの編集・結果の確認

一部分だけが異なる書類を何枚もつくるときは、差し込み印刷機能を利用するとよいでしょう。宛名印刷とは違って差し込むデータに定型のフォーマットはなく、どのようなデータも差し込むことができます。

■ 完成例

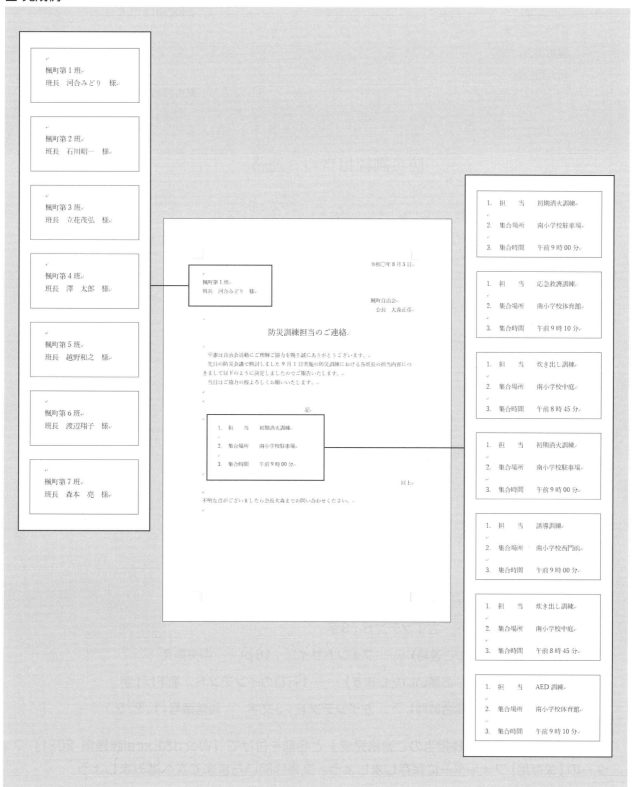

89

【準備】WordとExcelを起動しましょう。

①　Wordの新規文書を作成しましょう。

②　次のような文書を作成しましょう。

---

令和〇年 8 月 5 日

楓町第班

班長□□様

楓町自治会

会長□大森正彦

防災訓練担当のご連絡

　平素は自治会活動にご理解ご協力を賜り誠にありがとうございます。

　先日の防災会議で検討しました 9 月 1 日実施の防災訓練における各班長の担当内容につきまして以下のように決定しましたのでご報告いたします。

　当日はご協力の程よろしくお願いいたします。

記

1.→ 担□□当□□

2.→ 集合場所□□

3.→ 集合時間□□

以上

不明な点がございましたら会長大森までお問い合わせください。

---

□　1行目、5〜6行目 …… 右揃え

□　5行目(楓町自治会) …… 右インデント：3字

□　8行目(防災訓練担当のご連絡) …… フォントサイズ：16pt　　中央揃え

□　10〜13行目(平素は〜お願いいたします) …… 1行目のインデント：字下げ1字

□　18〜22行目(担当〜集合時間) …… 左インデント：3文字　　段落番号(1．2．3．)

③　文書に「問題29防災訓練担当のご連絡完成」と名前を付けて［Word&Excel課題集_2021］フォルダーの［保存用］フォルダーに保存しましょう。文書は開いたままで次へ進みましょう。

④ 現在の文書に、[Word&Excel課題集_2021] フォルダー内の [問題29防災訓練担当のご連絡使用データ] フォルダーのExcelブック「防災訓練担当一覧」の「Sheet1」を差し込み、各差し込みフィールドを以下の箇所に差し込みましょう。

　　□ 3行目 "第" と "班" の間 …… [班番号] フィールド

　　□ 4行目 "班長□" と "□様" の間 …… [班長名] フィールド

　　□ 18行目 "担□□当□□" の後ろ …… [担当] フィールド

　　□ 20行目 "集合場所□□" の後ろ …… [集合場所] フィールド

　　□ 22行目 "集合時間□□" の後ろ …… [集合時間] フィールド

⑤ 差し込み印刷の結果をプレビューし、すべてのレコードを確認しましょう。

⑥ 文書「問題29防災訓練担当のご連絡完成」を上書き保存して閉じましょう。

⑦ Excelブック「防災訓練担当一覧」を開いて、次のように7～8行目に2件のデータを追加しましょう。追加が完了したらブックを上書き保存して、閉じましょう。

| | A | B | C | D | E | F |
|---|---|---|---|---|---|---|
| 1 | 班番号 | 班長名 | 担当 | 集合場所 | 集合時間 | |
| 2 | 1 | 河合みどり | 初期消火訓練 | 南小学校駐車場 | 午前9時00分 | |
| 3 | 2 | 石川昭一 | 応急救護訓練 | 南小学校体育館 | 午前9時10分 | |
| 4 | 3 | 立花茂弘 | 炊き出し訓練 | 南小学校中庭 | 午前8時45分 | |
| 5 | 4 | 澤　太郎 | 初期消火訓練 | 南小学校駐車場 | 午前9時00分 | |
| 6 | 5 | 越野和之 | 誘導訓練 | 南小学校西門前 | 午前9時00分 | |
| 7 | 6 | 渡辺翔子 | 炊き出し訓練 | 南小学校中庭 | 午前8時45分 | |
| 8 | 7 | 森本　亮 | AED訓練 | 南小学校体育館 | 午前9時10分 | |
| 9 | | | | | | |

⑧ 再度、Word文書「問題29防災訓練担当のご連絡完成」を開きましょう。

　ヒント　差し込み印刷機能を使用した文書を開くと、"この文書を開くと、次のSQLコマンドが実行されます。"というメッセージが表示されるので [はい] をクリックします。

⑨ 差し込み印刷の結果をプレビューし、6件目のレコードと7件目のレコードを確認しましょう。

　ヒント　印刷環境が整っている場合は、6件目と7件目のレコードを印刷してみましょう。[差し込み文書] タブの [完了と差し込み] ボタンの [文書の印刷] を利用します。

【終了】Word文書「問題29防災訓練担当のご連絡完成」を閉じましょう。
　　Excelを開いている場合は、Excelも閉じましょう。

Wordの文書にExcelの表やグラフをコピーして貼り付けることができます。貼り付ける際の形式に気を付ければ難しい操作ではありません。

■ 完成例

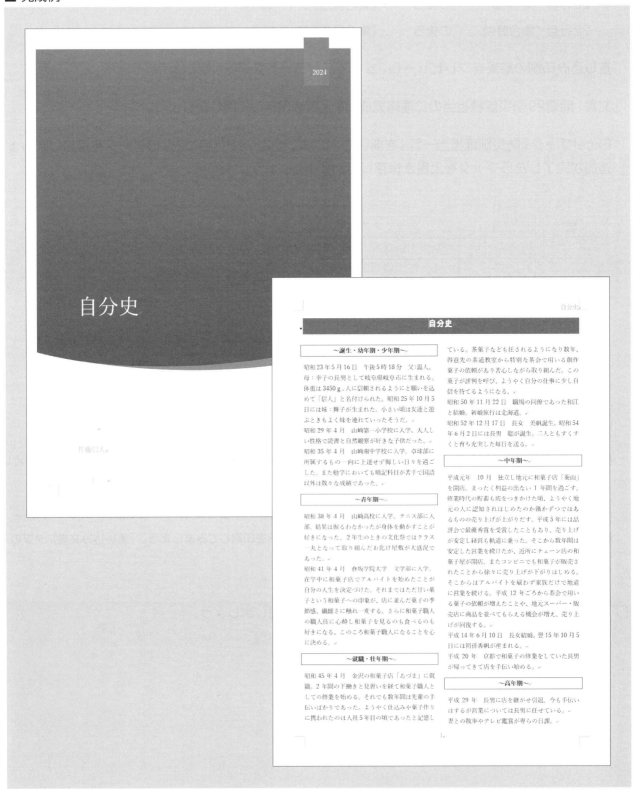

文書の途中でページの向きを変えたいときは"セクション"を区切ります。また表紙やヘッダー／フッターを挿入することでより体裁の整った長文の文書に仕上げることができます。

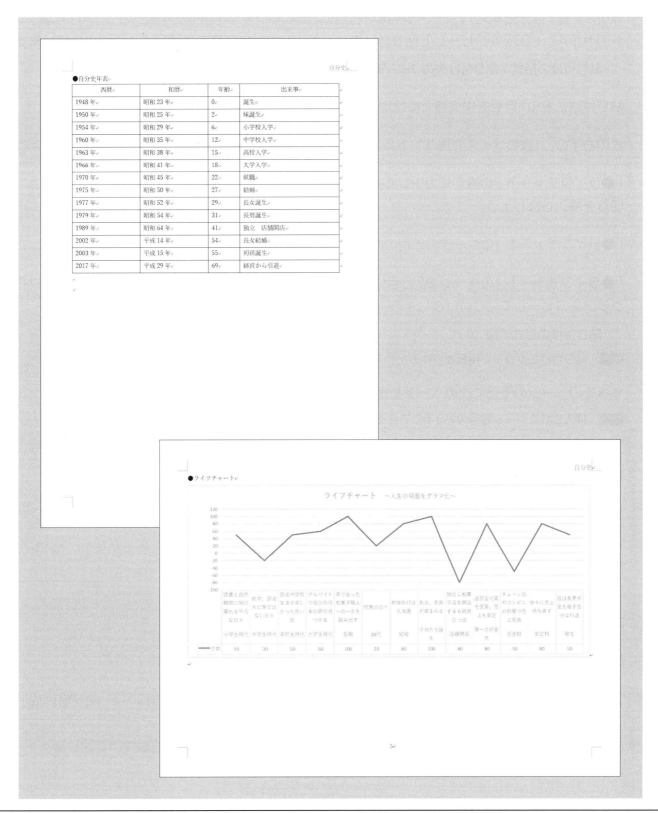

① [Word&Excel課題集_2021] フォルダー内のWord文書「自分史本文」を開きましょう。

　　ヒント　問題10で作成したファイル、または [問題30自分史結合使用データ] フォルダー内のファイルを開きます。

② [Word&Excel課題集_2021] フォルダー内のExcelブック「自分史年表グラフ」を開きましょう。

　　ヒント　問題25で作成したファイル、または [問題30自分史結合使用データ] フォルダー内のファイルを開きます。

③ Word文書「自分史本文」の2ページ目の2行目に、Excelブック「自分史年表グラフ」の「年表」シートのセルA2〜D72をコピーして貼り付けましょう。貼り付ける際の形式は次の形式を使用します。

　　□　貼り付けの形式：貼り付け先のスタイルを使用

④ 貼り付けた表の1行目を中央揃えに設定しましょう。

⑤ 表の右下の□(表のサイズ変更ハンドル)を使用して、完成例を参考に表のサイズを調整しましょう。

⑥ 「●ライフチャート」の直前にカーソルを移動し、その位置に [次のページから開始] のセクション区切りを挿入しましょう。

⑦ 「●ライフチャート」のページの印刷の向きを "横" に変更しましょう。

⑧ 「●ライフチャート」のページの2行目に、Excelブック「自分史年表グラフ」のシート "チャート" のグラフをコピーして貼り付けましょう。貼り付ける際の形式は次の形式を使用します。

　　□　貼り付けの形式：図

　　ヒント　貼り付けたグラフが用紙からはみ出してしまう場合は、サイズ変更して調整しましょう。

⑨ すべてのページの下部に次のページ番号(番号のみ2)を挿入しましょう。

　　ヒント　挿入されたページ番号の1行下にできる空白行は削除します。

⑩ ヘッダーの右側に「自分史」と入力しましょう。入力後、ヘッダーとフッターの編集状態を終了しましょう。

⑪ 文書に表紙 "イオン(濃色)" を挿入しましょう。

　　□　"文書のタイトル" には「自分史」と入力します。

　　□　"年" には "今日の年数" を、"作成者" には「佐藤信人」と入力します。

　　□　それ以外の項目(文書のサブタイトル、会社名、会社の住所)は削除します。

　　ヒント　削除すると薄い色で「・・・・・」と表示されますが問題ありません。

⑫ 印刷プレビューを確認しましょう。

【終了】[Word&Excel課題集_2021] フォルダー内の [保存用] フォルダーに「問題30自分史結合完成」という名前で保存して、文書を閉じましょう。
　　Excelブック「自分史年表」を閉じましょう。保存を確認された場合は保存しないで閉じます。

# 解答集

# Word解答

解答では、操作手順を1ステップずつ解説します。問題を解くうえでさまざまな操作法がある場合は、状況に合わせて効率的な方法を紹介しています。したがって、問題によっては異なった操作を紹介している場合があります。また、解答どおりでなくても問題の要求を満たしていれば正解です。

## Word 1　イベントアンケート

### 【準備】

1. [スタート] ボタンをクリックします。
2. [すべてのアプリ] をクリックして [Word] をクリックします。
3. [白紙の文書] をクリックします。
4. [ホーム] タブの [段落] グループの [編集記号の表示/非表示] ボタンをクリックしてオンにします。
5. 画面下部のステータスバーを右クリックし、[行番号] をクリックしてオンにします。

### ①

1. [レイアウト] タブをクリックします。
2. [ページ設定] グループの [サイズ] ボタンをクリックして [A4] が選択されていることを確認します。確認後は文書内の任意の位置をクリックして、サイズ一覧の表示をキャンセルします。
3. [ページ設定] グループの [印刷の向き] ボタンをクリックして [縦] が選択されていることを確認します。確認後は文書内の任意の位置をクリックして、印刷の向き一覧の表示をキャンセルします。
4. [余白] ボタンをクリックして [ユーザー設定の余白] をクリックします。
5. [余白] の [上] ボックスの数値を25mmに変更します。同様に [下] を22mm、[左] を27mm、[右] を27mmに変更します。
6. [OK] をクリックします。

### ②

1. 文章を入力します。

### ③

1. 1行目を選択します。
2. [ホーム] タブの [フォント] グループの [フォント] ボックスの▼をクリックして [游ゴシック] をクリックします。
3. [フォント] グループの [フォントサイズ] ボックスの▼をクリックして [18] をクリックします。
4. [フォント] グループの [太字] ボタンをクリックします。
5. [段落] グループの [中央揃え] ボタンをクリックします。

### ④

1. 6行目の "お名前（任意）：" の後ろに30文字分の全角の空白を入力します。
2. 入力した空白文字をすべて選択します。
3. [ホーム] タブの [フォント] グループの [下線] ボタンをクリックします。

### ⑤

1. 1行目を選択します。
2. [ホーム] タブの [段落] グループの [罫線] ボタンの▼をクリックして [外枠] をクリックします。

### ⑥

1. 6行目 "お名前(任意)" を選択します。

2. [ホーム] タブの [フォント] グループの [太字] ボタンをクリックします。

3. 残りの箇所も同様に設定します。一度に設定したい場合は2か所目以降の選択をCtrlキーを押しながら行います。

## ⑦

1. 3行目〜4行目を選択します。

2. [レイアウト] タブの [段落] グループの [左インデント] ボックスを [1字] に設定します。

3. 残りの箇所も同様にインデントを設定します（キーボードのF4キーを押すことで直前の操作を繰り返すことができます）。

## ⑧

1. 37行目を選択します。

2. [ホーム] タブの [段落] グループの [中央揃え] ボタンをクリックします。

## ⑨

1. 33行目〜35行目(空白行)を選択します。

2. [ホーム] タブの [段落] グループの [罫線] ボタンの▼をクリックして [外枠] をクリックします。

## 【終了】

1. [ファイル] タブの [名前を付けて保存] をクリックします（自動保存がオンになっている場合は [コピーを保存]）。

2. [参照] をクリックして、[Word&Excel課題集_2021] フォルダー内の [保存用] フォルダーに変更します。

3. [ファイル名] ボックスに「問題1イベントアンケート完成」と入力し、[保存] をクリックします。

4. [閉じる] をクリックして文書を閉じます。

## Word 2 自分で作る名刺

## 【準備】

1. Wordを起動します。

2. [白紙の文書] をクリックします。

## ①

1. [差し込み文書] タブの [作成] グループの [ラベル] ボタンをクリックします。

2. [オプション] をクリックします。

3. [ラベルの製造元] ボックスの▼をクリックして [A-ONE] をクリックします。

4. [製品番号]リストボックスの一覧から[A-ONE 51002] をクリックします。

5. [OK] をクリックします。

6. [新規文書] をクリックします。

## ②

1. 10面あるラベルのうち、左上のラベルに文字を入力します。

## ③

1. ハイパーリンク化された7行目の "s-kimidori@example.com" の文字列の上で右クリックし、[ハイパーリンクの削除] をクリックします。

## ④

1. 1行目を選択します。

2. [ホーム] タブの [フォント] グループの [フォントサイズ] ボックスの▼をクリックして、[8] をクリックします。

3. [フォント] グループの右下にある 🔲 [フォント] ボタンをクリックします。

4. [詳細設定] タブの [文字間隔] ボックスの▼をクリックして [広く] をクリックします。

5. [間隔] ボックスを [0.3pt] に設定し、[OK] を

クリックします。

6. [レイアウト] タブの [段落] グループの [前の間隔] ボックスを2行に設定します。

7. [レイアウト] タブの [段落] グループの [左インデント] ボックスを2.5字に設定します（ボックスにmmの単位が表示されている場合は、ボックス内に [2.5字] と単位まで入力して決定します）。

⑤

1. 2行目を選択します。

2. [ホーム] タブの [フォント] グループの [フォント] ボックスの▼をクリックして [游明朝 Demibold] をクリックします。

3. [フォント] グループの [フォントサイズ] ボックスの▼をクリックして [14] をクリックします。

4. [フォント] グループの右下にある ⬊ [フォント] ボタンをクリックします。

5. [詳細設定] タブの [文字間隔] ボックスの▼をクリックして [広く] をクリックします。

6. [間隔] ボックスを [1.2pt] に設定し、[OK] をクリックします。

7. [レイアウト] タブの [段落] グループの [左インデント] ボックスを2.5字に設定します。

⑥

1. 3行目〜7行目を選択します。

2. [ホーム] タブの [フォント] グループの [フォントサイズ] ボックスの▼をクリックして [9] をクリックします。

3. [フォント] グループの右下にある ⬊ [フォント] ボタンをクリックします。

4. [詳細設定] タブの [文字間隔] ボックスの▼をクリックして [広く] をクリックします。

5. [間隔] ボックスを [0.2pt] に設定し、[OK] をクリックします。

6. [レイアウト] タブの [段落] グループの [左インデント] ボックスを10字に設定します。

7. [段落] グループの右下にある ⬊ [段落の設定] ボタンをクリックします。

8. [インデントと行間隔] タブの [行間] ボックスの▼をクリックして [固定値] をクリックし、[間隔] ボックスを [12pt] に設定して [OK] をクリックします。

⑦

1. 3行目を選択します。

2. [レイアウト] タブの [段落] グループの [前の間隔] ボックスを1行に設定します。

⑧

1. 1行目の末尾にカーソルを移動します。

2. [挿入] タブの [アイコン] をクリックします。

3. 検索キーワードを入力するボックスに、「木」と入力して、検索結果の一覧から該当のアイコンをクリックして、[挿入] をクリックします。

⑨

1. 挿入したアイコンをクリックして選択し、[グラフィックス形式] タブの [グラフィックのスタイル] グループの [グラフィックの塗りつぶし] ボタンをクリックして、"標準の色" の [薄い緑] をクリックします。

⑩

1. 挿入したアイコンをクリックして選択し、すぐ右側に表示される [レイアウトオプション] をクリックします。

2. [前面] をクリックします。

⑪

1. 挿入したアイコンをクリックして選択し、アイコンの四隅に表示されるサイズ変更ハンドル

をドラッグしてサイズを調整します。

2．アイコンをドラッグして位置を調整します。

⑫

1．左上のラベルの内容をすべて選択します。このとき最終行である空白行も含めて選択します。最終行を選択していないとレイアウトが崩れるおそれがあります。

2．[ホーム]タブの[クリップボード]グループの[コピー]ボタンをクリックします。

3．空欄のラベル面にカーソルを移動します。

4．[ホーム]タブの[クリップボード]グループの[貼り付け]ボタンをクリックします。

5．同様の方法で他のラベル面にも貼り付けます（コピーは一度行えば続けて貼り付けていくことができます）。

## 【終了】

1．[ファイル]タブの[名前を付けて保存]をクリックします（自動保存がオンになっている場合は[コピーを保存]）。

2．[参照]をクリックして、[Word&Excel課題集_2021]フォルダー内の[保存用]フォルダーに変更します。

3．[ファイル名]ボックスに「問題2自分で作る名刺完成」と入力し、[保存]をクリックします。

4．[閉じる]をクリックして文書を閉じます。

5．[最後にコピーしたアイテムを貼り付けられる状態で保持しますか？]というメッセージが表示された場合は[いいえ]をクリックします。

## Word 3 施設利用申込書

### 【準備】

1．Wordを起動します。

2．[白紙の文書]をクリックします。

①

1．文章を入力します。

②

1．1行目を選択します。

2．[ホーム]タブの[フォント]グループの[フォント]ボックスの▼をクリックして[HGS創英角ゴシックUB]をクリックします。

3．[フォント]グループの[フォントサイズ]ボックスの▼をクリックして[18]をクリックします。

4．[段落]グループの[中央揃え]ボタンをクリックします。

③

1．2行目を選択します。

2．[ホーム]タブの[段落]グループの[中央揃え]ボタンをクリックします。

④

1．2行目以降をすべて選択します。

2．[ホーム]タブの[フォント]グループの[フォント]ボックスの▼をクリックして[游ゴシック]をクリックします。

⑤

1．5行目にカーソルを移動し、[挿入]タブの[表]グループの[表の追加]ボタンをクリックします。

2．2列3行の位置でクリックします。

3．挿入された表に文字列を入力します。

4．列の境界線にマウスを合わせてドラッグして列の幅を調整します。列の幅を数値で指定したい場合は[レイアウト]タブの[セルのサイズ]グループの[列の幅の設定]ボックスで設定できます。

## ⑥

1. ⑤で作成した表の下にある文字列 "施設記入欄" の先頭にカーソルを移動し、[挿入] タブの [表] グループの [表の追加] ボタンをクリックします。
2. 2列5行の位置でクリックします。
3. 挿入された表に文字列を入力します。
4. 列の境界線にマウスを合わせてドラッグして列の幅を調整します。列の幅を数値で指定したい場合は [レイアウト] タブの [セルのサイズ] グループの [列の幅の設定] ボックスで設定できます。

## ⑦

1. 団体名のセル内にカーソルを移動します。
2. [レイアウト] タブの [行と列] グループの [上に行を挿入] ボタンをクリックします。
3. 挿入された行の1列目のセルに「フリガナ」と入力します。

## ⑧

1. 団体名のセル内にカーソルを移動します。
2. [レイアウト] タブの [行と列] グループの [下に行を挿入] ボタンをクリックします。
3. 挿入された行の1列目のセルに「担当者名」と入力します。

## ⑨

1. 上側の表内のすべての文字列を選択します。
2. [ホーム] タブの [フォント] グループの [フォントサイズ] ボックスの▼をクリックして [12] をクリックします。
3. 同様の操作を下側の表内のすべての文字列にも行います。

## ⑩

1. 上側の表内にマウスを合わせて、表の左上に表示されるハンドル ⊞ をクリックし、表全体を選択します。
2. [レイアウト] タブの [配置] グループの [中央揃え (左)] ボタンをクリックします。
3. 同様の操作を下側の表にも行います。

## ⑪

1. 上側の表の1列目 (利用施設、利用日時、利用人数の3つのセル) を選択します。
2. [ホーム] タブの [段落] グループの [均等割り付け] ボタンをクリックします。
3. 同様の操作を下側の表の1列目にも行います。

## ⑫

1. 上側の表の2列目1行目のセル内の段落 (大ホール～小会議室) を選択します。
2. [ホーム] タブの [段落] グループの右下にある ⌐ [段落の設定] ボタンをクリックします。
3. [インデントと行間隔] タブの [行間] ボックスの▼をクリックして [固定値] をクリックし、[間隔] ボックスを [12 pt] に設定します。
4. [段落前] ボックスと [段落後] ボックスをどちらも [0.5] に設定して [OK] をクリックします。

## ⑬

1. 下側の表の2列目7行目のセル内の段落を選択し、⑫と同様の方法で行間を固定値12 pt、段落前、段落後を0.5行に設定します。

## ⑭

1. 上側の表の2列目2行目の "午前午後" の文字列を選択します。
2. [ホーム] タブの [段落] グループの [拡張書式] ボタンをクリックして、[組み文字] をクリックます。
3. [サイズ] ボックスの▼をクリックして [9] をクリックし、[OK] をクリックします。

4. 同様の方法で、もう1か所の"午前午後"の文字列も組み文字に設定します。

## ⑮

1. 下側の表の2列目6行目の"氏名"の文字列を選択し、⑭と同様の方法で組み文字を設定します。サイズは[8]を選択します。

## ⑯

1. 上側の表の1列目を選択します。
2. [テーブルデザイン]タブの[表のスタイル]グループの[塗りつぶし]ボタンの▼をクリックして、"テーマの色"の[白、背景1、黒 + 基本色5%]をクリックします。
3. 同様の方法で下側の表の2列目にも塗りつぶしの色を設定します。

## ⑰

1. 上側の表内にマウスを合わせて、表の左上に表示されるハンドル ⊞ をクリックし、表全体を選択します。
2. [テーブルデザイン]タブの[飾り枠]グループの[ペンの太さ]ボックスの▼をクリックして、1.5ptをクリックします。
3. [飾り枠]グループの[罫線]ボタンの▼をクリックして、[外枠]をクリックします。
4. 同様の方法で、下側の表の外枠も1.5ptの罫線に変更します。

## ⑱

1. 文字列"施設記入欄"の下の行にカーソルを移動し、[挿入]タブの[表]グループの[表の追加]ボタンをクリックします。
2. 8列1行の位置でクリックします。
3. 挿入された表に文字列を入力します。
4. 列の境界線にマウスを合わせてドラッグして列の幅を調整します。

## ⑲

1. 表内の文字列を選択します（文字列が入力されていないセルも含めて選択してもかまいません。それらのセルにも書式は設定されます）。
2. [ホーム]タブの[フォント]グループの[フォントサイズ]ボックスの▼をクリックして[9]をクリックします。
3. [レイアウト]タブの[配置]グループの[中央揃え]ボタンをクリックします。
4. [ホーム]タブの[段落]グループの右下にある ⛶ [段落の設定]ボタンをクリックします。
5. [インデントと行間隔]タブの[行間]ボックスの▼をクリックして[固定値]をクリックし、[間隔]ボックスを[12pt]に設定して[OK]をクリックします。

## ⑳

1. 表を選択し、[レイアウト]タブの[セルのサイズ]グループの[高さ]ボックスに[12mm]と入力します。

## 【終了】

1. [ファイル]タブの[名前を付けて保存]（自動保存がオンになっている場合は[コピーを保存]）をクリックします。
2. [参照]をクリックして、[Word&Excel課題集_2021]フォルダー内の[保存用]フォルダーに変更します。
3. [ファイル名]ボックスに「問題3施設利用申込書完成」と入力します。
4. [保存]をクリックします。
5. [閉じる]をクリックして文書を閉じます。

## 【準備】

1. Wordを起動します。
2. [開く]をクリックします。
3. [参照] をクリックして、[Word&Excel課題集
   _2021] フォルダーから、Wordファイル「職務
   経歴書（入力）」をクリックして [開く] をクリッ
   クします。

### ①

1. 1行目を選択します。
2. [ホーム] タブの [フォント] グループの [フォ
   ント] ボックスの▼をクリックして [游明朝
   Demibold] をクリックします。
3. [フォント] グループの [フォントサイズ] ボッ
   クスの▼をクリックして [14] をクリックしま
   す。
4. [段落] グループの [中央揃え] ボタンをクリッ
   クします。

### ②

1. 2行目〜5行目を選択します。
2. [ホーム] タブの [段落] グループの [右揃え] ボ
   タンをクリックします。

### ③

1. 6行目を選択します。
2. [ホーム] タブの [フォント] グループの [フォ
   ント] ボックスの▼をクリックして [游ゴシッ
   ク]をクリックします。
3. [フォント] グループの [太字] ボタンをクリッ
   クします。
4. [レイアウト] タブの [段落] グループの [前の
   間隔] ボックスを1行に設定します。

### ④

1. ③で書式を設定した6行目を選択します。
2. [ホーム] タブの [クリップボード] グループの
   [書式のコピー /貼り付け] ボタンをダブルク
   リックします（連続して書式を貼り付けていく
   場合はダブルクリックします）。
3. 14行目の "■職務経歴" の文字列をドラッグし
   ます（書式が貼りつきます）。
4. 同様に "■取得資格"、"■経験・スキル"、"■
   自己PR" の文字列もドラッグして書式を貼り
   付けます。
5. 書式のコピー /貼り付け機能を終了するために
   Escキーを押します。

### ⑤

1. 7行目〜13行目までを選択します。
2. [ホーム] タブの [段落] グループの右下にある
   ⤵ [段落の設定] ボタンをクリックします。
3. [インデントと行間隔] タブの "インデント"の
   [左] ボックスを3字に設定します。
4. [最初の行] ボックスの▼をクリックして [字下
   げ] をクリックし、[幅] ボックスを1字に設定
   して、[OK] をクリックします。

### ⑥

1. ⑤で書式を設定した7行目〜13行目を選択し
   ます。
2. [ホーム] タブの [クリップボード] グループの
   [書式のコピー /貼り付け] ボタンをダブルク
   リックします。
3. 1ページ目の28行目から2ページ目の2行目の
   文字列をドラッグします（2回に分けてもかま
   いません）。
4. 同様に、2ページ目の4行目から12行目の文字
   列をドラッグします。
5. 書式のコピー /貼り付け機能を終了するために
   Escキーを押します。

⑦

1. 1ページ目の15行目〜22行目までを選択します。

2. [ホーム] タブの [段落] グループの右下にある [段落の設定] ボタンをクリックします。

3. [インデントと行間隔] タブの"インデント"の [左] ボックスを3字に設定します。

4. [最初の行] ボックスの▼をクリックして [ぶら下げ] をクリックし、[幅] ボックスを8字に設定して、[OK] をクリックします。

⑧

1. ⑦で書式を設定した1ページ目の15行目〜22行目までを選択します。

2. [ホーム] タブの [クリップボード] グループの [書式のコピー/貼り付け] ボタンをクリックします（今回は貼り付け先が1か所だけのためダブルクリックする必要はありません）。

3. 1ページ目の24行目から26行目をドラッグします。

⑨

1. [挿入] タブの [ヘッダーとフッター] グループの [ページ番号] ボタンをクリックします。

2. [ページの下部] にマウスを合わせて"X/Yページ" カテゴリ—の [太字の番号3] をクリックします。

3. ページ番号が挿入されたことを確認したら、[ヘッダー/フッターツール] の [デザイン] タブの [閉じる] グループの [ヘッダーとフッターを閉じる] ボタンをクリックして、ヘッダー/フッターの編集モードを終了します。

【終了】

1. [ファイル] タブの [名前を付けて保存] をクリックします（自動保存がオンになっている場合は [コピーを保存]）。

2. [参照] をクリックして、[Word&Excel課題集_2021] フォルダー内の [保存用] フォルダーに変更します。

3. [ファイル名] ボックスに「問題4職務経歴書完成」と入力し、[保存] をクリックします。

4. [閉じる] をクリックして文書を閉じます。

## Word 5 ペットライブラリー

【準備】

1. Wordを起動します。

2. [開く] をクリックします。

3. [参照] をクリックして、[Word&Excel課題集_2021] フォルダーから、Wordファイル「ペットライブラリー（入力）」をクリックして [開く] をクリックします。

①

1. ページ上部に描画されているリボン状の図形をクリックして選択し、「ふうたくんライブラリー」と入力します。

②

1. リボン内に入力した文字列を選択します。

2. [ホーム] タブの [フォント] グループの [フォント] ボックスの▼をクリックして [HGS創英角ポップ体] をクリックします。

3. [フォント] グループの [フォントサイズ] ボックス内をクリックしてカーソルを表示し、[30] と入力してEnterキーを押します。

4. [フォント] グループの [文字の効果と体裁] ボタンをクリックして、[塗りつぶし：白；輪郭：オレンジ、アクセントカラー2；影（ぼかしなし）：オレンジ、アクセント カラー2] をクリックします。

③

1. 文字列 "2016年6月28日" の先頭にカーソルを移動します（実際にはどの位置にカーソルがあってもかまいません。あくまで挿入時の初期位置です）。

2. [挿入] タブの [図] グループの [画像] ボタンをクリックして、[このデバイス] をクリックします。

3. [Word&Excel課題集_2021] フォルダー内の [問題5ペットライブラリー使用データ] フォルダーを開いて、画像ファイル [cat01] を選択し、[挿入] をクリックします。

4. 挿入した画像をクリックして選択し、[図の形式] タブの [サイズ] グループの [トリミング] ボタンをクリックします。

5. 画像の周囲に表示されるトリミングハンドルをドラッグして画像をトリミングします。

6. トリミングが終了したら、文書内の画像以外の箇所をクリックしてトリミングを決定します。

7. 画像をクリックして選択し、画像の周囲に表示されるサイズ変更ハンドルをドラッグして画像のサイズを調整します。

8. 画像をクリックして選択し、[図の形式] タブの [配置] グループの [文字列の折り返し] ボタンをクリックして、[四角形] をクリックします。

9. 画像をドラッグして移動し、完成例を参考に配置します。

10. 同様の方法で、そのほかの3枚の画像（cat02 ～ cat04)を挿入します。

④

1. 文書の2ページ目の先頭行にカーソルを移動します（2ページ目が無い場合は、1ページ目の最終行にカーソルを移動し、Enterキーを押して2ページ目が表示されるまで改行します）。

2. [挿入] タブの [画像] ボタンをクリックして、[このデバイス] をクリックします。

3. [Word&Excel課題集_2021] フォルダー内の [問題5ペットライブラリー使用データ] フォルダーを開いて画像ファイル [cat05] を選択し、[挿入] をクリックします。

⑤

1. 挿入した画像をクリックして選択します。

2. [図の形式] タブの [サイズ] グループの [図形の幅] ボックスを90mmに設定します。

⑥

1. ⑤で挿入した画像の右側にカーソルを移動します。

2. スペース（全角空白）を1つ入力します。

3. ④、⑤と同様の方法で、「cat06」を挿入してサイズを90mmに設定します。

⑦

1. ⑥で挿入した画像の右側にカーソルを移動します。

2. Enterキーを押して改行します。

⑧

1. ここまでと同様の方法で画像を挿入します。挿入方法については④～⑦を、トリミング方法については③の解説を参考にしてください。

【終了】

1. [ファイル] タブの [名前を付けて保存] をクリックします（自動保存がオンになっている場合は [コピーを保存]）。

2. [参照] をクリックして、[Word&Excel課題集_2021] フォルダー内の [保存用] フォルダーに

変更します。

3. [ファイル名] ボックスに「問題5ペットライブラリー完成」と入力し、[保存] をクリックします。

4. [閉じる] をクリックして文書を閉じます。

## Word 6　ホームメイド商品のラベル

### 【準備】

1. Wordを起動します。

2. [白紙の文書] をクリックします。

### ①

1. [レイアウト] タブをクリックします。

2. [ページ設定] グループの [サイズ] ボタンをクリックして [A4] が選択されていることを確認します。確認後は文書内の任意の位置をクリックして、サイズ一覧の表示をキャンセルします。

3. [印刷の向き] ボタンをクリックして [横] をクリックします。

4. [余白] ボタンをクリックして、一番下の [ユーザー設定の余白] をクリックします。

5. [余白] の [上] ボックスの数値を5mmに変更します。同様に [下]、[左]、[右] ボックスも5mmに変更します（5mmが設定できない場合は設定可能な最小値でかまいません）

### ②

1. 1行目にカーソルがある状態で、[挿入] タブの [表] グループの [表の追加] ボタンをクリックします。

2. 6列4行の位置でクリックします。

### ③

1. 表内にマウスを合わせ、表の右下に表示されるサイズ変更ハンドルをドラッグしてページ

いっぱいまで表のサイズを拡大します。

### ④

1. 表の1列目内のセルにカーソルを移動します。

2. [レイアウト] タブの [セルのサイズ] グループの [列の幅の設定] ボックスを40mmに設定します。

3. 同様の方法で2列目の幅を60mmに、3列目の幅を40mmに設定します。

4. さらに、同様の方法で4列目の幅を40mm、5列目の幅を60mm、6列目の幅を40mmに設定します。

### ⑤

1. 表内にマウスを合わせて、表の左上に表示されるハンドル ⊞ をクリックし、表全体を選択します。

2. [テーブルデザイン] タブの [飾り枠] グループの [ペンの色] ボタンの▼をクリックして、"テーマの色"の [灰色、アクセント3] をクリックします。

3. [飾り枠] グループの [罫線] ボタンの▼をクリックして、[格子] をクリックします。

4. 2列目を選択します。

5. [飾り枠] グループの右下にある 🔲 [線種とページ罫線と網かけの設定] ボタンをクリックします。

6. [罫線] タブの "種類："から [指定] をクリックします。

7. "プレビュー"の 🔲 ボタンと 🔲 ボタンをクリックします。

8. [OK] をクリックします（罫線がなくなります。表示上は点線で表示されます）。

9. 同様の方法で、5列目の左右の境界線も線なしに設定します。

⑥

1. 表内に文字列を入力します。"丁寧に育てたイチゴを"の後ろ、"ふかざわ農園"の後ろ、"砂糖，"の後ろではShiftキーを押しながらEnterキーを押して改行（段落内改行）します。

⑦

1. 表の1列目の文字列"丁寧に育てたイチゴをジャムにしました"を選択します。

2. ［ホーム］タブの［フォント］グループの［フォント］ボックスの▼をクリックして［HG丸ゴシックM-PRO］をクリックします。

3. ［フォント］グループの［フォントサイズ］ボックスの▼をクリックして［9］をクリックします。

4. ［フォント］グループの［フォントの色］ボックスの▼をクリックして"標準の色"の［緑］をクリックします。

5. ［ホーム］タブの［段落］グループの右下にある ⬝［段落の設定］ボタンをクリックします。

6. ［インデントと行間隔］タブの［行間］ボックスの▼をクリックして［固定値］をクリックし、［間隔］ボックスを［12pt］に設定します。

7. ［段落前］ボックスを［1行］に設定します。

8. ［配置］ボックスを［中央揃え］に設定し、［OK］をクリックします。

9. 表の2列目の文字列"いちご"を選択します。

10. ［ホーム］タブの［フォント］グループの［フォント］ボックスの▼をクリックして［HGS創英角ポップ体］をクリックします。

11. ［フォント］グループの［フォントサイズ］ボックスの▼をクリックして［22］をクリックします。

12. ［フォント］グループの［フォントの色］ボックスの▼をクリックして"標準の色"の［濃い赤］をクリックします。

13. ［フォント］グループの右下にある ⬝［フォン

ト］ボタンをクリックします。

14. ［詳細設定］タブの［文字間隔］ボックスの▼をクリックして［広く］をクリックします。

15. ［間隔］ボックスを［2.5pt］に設定し、［OK］をクリックします。

16. ［レイアウト］タブの［段落］グループの［前の間隔］ボックスを0.5行に設定します。

17. ［ホーム］タブの［段落］グループの［中央揃え］ボタンをクリックします。

18. 表の2列目の文字列"ふかざわ農園手づくりジャム"を選択します。

19. ［ホーム］タブの［フォント］グループの［フォント］ボックスの▼をクリックして［HG丸ゴシックM-PRO］をクリックします。

20. ［フォント］グループの［フォントの色］ボックスの▼をクリックして"標準の色"の［濃い赤］をクリックします。

21. ［フォント］グループの右下にある ⬝［フォント］ボタンをクリックします。

22. ［詳細設定］タブの［文字間隔］ボックスの▼をクリックして［広く］をクリックします。

23. ［間隔］ボックスを［1.5pt］に設定し、［OK］をクリックします。

24. ［ホーム］タブの［段落］グループの右下にある ⬝［段落の設定］ボタンをクリックします。

25. ［インデントと行間隔］タブの［行間］ボックスの▼をクリックして［固定値］をクリックし、［間隔］ボックスを［13pt］に設定します。

26. ［段落前］のボックスを［2.5行］に設定します。

27. ［配置］ボックスを［中央揃え］に設定し、［OK］をクリックします。

28. 3列目の文字列をすべて選択します。

29. ［ホーム］タブの［フォント］グループの［フォント］ボックスの▼をクリックして［游ゴシック］をクリックします。

30. ［フォント］グループの［フォントサイズ］ボックスの▼をクリックして［8］をクリックします。

31. [ホーム] タブの [段落] グループの右下にある 🔲 [段落の設定] ボタンをクリックします。

32. [インデントと行間隔] タブの [行間] ボックスの▼をクリックして [固定値] をクリックし、[間隔] ボックスを [14 pt] に設定して [OK] をクリックします。

⑧

1. 3列目の文字列 "名称" を選択します。

2. [ホーム] タブの [段落] グループの [均等割り付け] ボタンをクリックします。

3. [新しい文字列の幅] を [4字] に設定し、[OK] をクリックします。

4. 同様の方法で、"内容量"、"製造者" にも均等割り付けを設定します。

⑨

1. 3列目の文字列 "原材料名" の段落内にカーソルを移動します。

2. [ホーム] タブの [段落] グループの右下にある 🔲 [段落の設定] ボタンをクリックします。

3. [インデントと行間隔] タブの [最初の行] ボックスの▼をクリックして [ぶら下げ] をクリックし、[幅] ボックスを5字に設定して、[OK] をクリックします。

⑩

1. 3列目1行目のセル内にカーソルを移動します。

2. [レイアウト] タブの [配置] グループの [中央揃え(左)] ボタンをクリックします。

⑪

1. 2列目のセル内にカーソルを移動します(実際にはどの位置にカーソルがあってもかまいません。あくまで挿入時の初期位置です)。

2. [挿入] タブの [画像] ボタンをクリックします。

3. [Word&Excel課題集_2021] フォルダー内の

[問題6ホームメイド商品のラベル使用データ] フォルダーを開いて画像ファイル [イチゴ] を選択し、[挿入] をクリックします。

4. 挿入した画像をクリックして選択し、[図の形式] タブの [配置] グループの [文字列の折り返し] ボタンをクリックして、[前面] をクリックします。

5. 画像をドラッグして、完成例を参考に2列目のセル内に配置します。またサイズ変更ハンドルをドラッグしてサイズも適宜調整します。

⑫

1. [挿入] タブの [図] グループの [図形] ボタンをクリックして、"四角形" グループの [正方形/長方形] をクリックします。

2. 完成例の図形の位置、サイズを参考に、ドラッグして縦長の長方形を描画します。

3. [図形の書式] タブの [図形の塗りつぶし] ボタンの▼をクリックして、"標準の色" の [薄い緑] をクリックします。

4. [図形の枠線] ボタンの▼をクリックして、[枠線なし] をクリックします。

5. 書式を設定した縦長の長方形にマウスを合わせ、Ctrlキーを押しながら右側にドラッグしてコピーします。

⑬

1. [挿入] タブの [図] グループの [図形] ボタンをクリックして、"基本図形" グループの [楕円] をクリックします。

2. "丁寧に育てたイチゴをジャムにしました" を覆うようにドラッグして楕円を描画します(うまく描画できなかった場合は、描画後にサイズや位置を調整してかまいません)。

3. [図形の書式] タブの [図形の塗りつぶし] ボタンの▼をクリックして、"テーマの色" の [オレンジ、アクセント2、白 + 基本色80%] をクリッ

クします。

4. ［図形の枠線］ボタンの▼をクリックして、［枠線なし］をクリックします。

⑭

1. ⑬で描画した楕円の図形をクリックして選択し、［配置］グループの［文字列の折り返し］ボタンをクリックして、［背面］をクリックします。

⑮

1. ［挿入］タブの［図］グループの［図形］ボタンをクリックして、"基本図形"グループの［楕円］をクリックします。

2. 完成例の図形の位置、サイズを参考に、Shiftキーを押しながらドラッグして正円を描画します。

3. ［図形の書式］タブの［図形の塗りつぶし］ボタンの▼をクリックして、［図］をクリックします。

4. ［ファイルから］をクリックして、［Word&Excel課題集_2021］フォルダー内の［問題6ホームメイド商品のラベル使用データ］フォルダーを開いて、画像ファイル［似顔絵］を選択し、［挿入］をクリックします

5. ［図形の枠線］ボタンの▼をクリックして、"標準の色"の［薄い緑］をクリックします。

⑯

1. ⑮で描画した正円の図形を選択します。

2. ［図の形式］タブの［サイズ］グループの［トリミング］ボタンをクリックします。

3. 周囲に表示された白い○や黒いL字のハンドルをドラッグして、塗りつぶしの図（似顔絵）や正円のサイズを微調整します（白い○は似顔絵のサイズが、黒いL字は正円のサイズが調整できます）。また図形の中でドラッグすると位置

を微調整することもできます。

⑰

1. 1行目の1列目、2列目、3列目のセルを選択します。

2. ［ホーム］タブの［クリップボード］グループの［コピー］ボタンをクリックします。

3. 1行目の4列目にカーソルを移動します。

4. ［ホーム］タブの［クリップボード］グループの［貼り付け］ボタンをクリックします。

5. 同様の方法で、残りの面にも貼り付けます（一度コピーした内容は連続して貼り付けられます）。

⑱

1. ［ファイル］タブの［印刷］をクリックします。

2. ［ページ］ボックスに1と入力します（自動的に［すべてのページを印刷］の表示が［ユーザー指定の範囲］に変化します）。

3. Escキーを押してキャンセルします（印刷を実行する場合は、使用するプリンターと部数を確認し、［印刷］をクリックします）。

## 【終了】

1. ［ファイル］タブの［名前を付けて保存］をクリックします（自動保存がオンになっている場合は［コピーを保存］）。

2. ［参照］をクリックして、［Word&Excel課題集_2021］フォルダー内の［保存用］フォルダーに変更します。

3. ［ファイル名］ボックスに「問題6ホームメイド商品のラベル完成」と入力し、［保存］をクリックします。

4. ［閉じる］をクリックして文書を閉じます。

## 【準備】

1. Wordを起動します。
2. [開く] をクリックします。
3. [参照] をクリックして、[Word&Excel課題集_2021] フォルダーから、Wordファイル「始末書(入力)」をクリックして [開く] をクリックします。

### ①

1. 1ページ目の最終行にカーソルを移動します。
2. [挿入] タブの [ページ] グループの [ページ区切り] をクリックします。

### ②

1. 2ページ目の1行目に文字列を入力します。
2. 入力後、Enterキーを何度か押して空白行を複数行作成しておきます（図形が描画しやすくなります）。

### ③

1. [挿入] タブの [図] グループの [図形] ボタンをクリックして、"四角形" グループの [正方形/長方形] をクリックします。
2. ドラッグして四角形を描画します。描画後、高さ94mm、幅140mm程度のサイズに調整します。
3. [図形の書式] タブの [図形のスタイル] グループの [図形の塗りつぶし] ボタンの▼をクリックして、"テーマの色" の [白、背景1、黒 + 基本色5%] をクリックします。
4. [図形の枠線] ボタンの▼をクリックして、[黒、テキスト1] をクリックします。

### ④

1. [挿入] タブの [図] グループの [図形] ボタンをクリックして、"基本図形" グループの [テキストボックス] をクリックします。
2. 完成例の図形の位置を参考にドラッグしてテキストボックスを描画します。描画後、高さ63mm、幅63mm程度のサイズに調整します。
3. テキストボックス内に「センター建物」と入力します。
4. テキストボックスをクリックして選択し、[図形の書式] タブの [図形のスタイル] グループの [図形の塗りつぶし] ボタンの▼をクリックして、"テーマの色" の [白、背景1] をクリックします。
5. [テキスト] グループの [文字の配置] ボタンをクリックして [上下中央揃え] をクリックします。
6. [ホーム] タブの [段落] グループの [中央揃え] ボタンをクリックします。

### ⑤

1. [挿入] タブの [図] グループの [図形] ボタンをクリックして、"四角形" グループの [正方形/長方形] をクリックします。
2. 完成例の図形の位置を参考に、ドラッグして四角形を描画します。描画後、高さ3mm、幅57mm程度のサイズに調整します。
3. [図形の書式] タブの [図形のスタイル] グループの [図形の塗りつぶし] ボタンの▼をクリックして、"テーマの色" の [白、背景1] をクリックします。
4. [図形の枠線] ボタンの▼をクリックして、[黒、テキスト1] をクリックします。

### ⑥

1. [挿入] タブの [図] グループの [図形] ボタンをクリックして、"四角形" グループの [正方形/長方形] をクリックします。

2. 完成例の図形の位置を参考に、ドラッグして四角形を描画します。描画後、高さ7mm、幅13mm程度のサイズに調整します。

3. [図形の書式] タブの [図形のスタイル] グループの [図形の塗りつぶし] ボタンの▼をクリックして、"テーマの色"の [青、アクセント5] をクリックします。

4. [図形の枠線] ボタンの▼をクリックして、[黒、テキスト1] をクリックします。

⑦

1. ⑥で描画した四角形をクリックして選択します。

2. Ctrlキーを押しながら、図形をドラッグしてコピーします。

3. [図形の書式] タブの [配置] グループの [回転] ボタンをクリックして、[右へ90度回転] または [左へ90度回転] をクリックして図形を回転します。

4. 完成例を参考に位置を調整します。

⑧

1. [挿入] タブの [図] グループの [図形] ボタンをクリックして、"基本図形"グループの [円弧] をクリックします。

2. Shiftキーを押しながらドラッグして描画します。描画後、高さ17.5mm、幅17.5mm程度のサイズに調整します。

3. [図形の書式] タブの [配置] グループの [回転] ボタンをクリックして、[右へ90度回転] または [左へ90度回転] を完成例の角度になるまでクリックして図形を回転します。

4. [図形のスタイル] グループの [図形の枠線] ボタンの▼をクリックして、[黒、テキスト1] をクリックします。

5. [図形の枠線] ボタンの▼をクリックして、[太さ] にマウスを合わせ [1.5pt] をクリックしま

す。

6. [図形の枠線] ボタンの▼をクリックして、[矢印] にマウスを合わせ [矢印スタイル5] をクリックします。

⑨

1. [挿入] タブの [図] グループの [図形] ボタンをクリックして、"吹き出し"グループの [吹き出し:線] (線吹き出し1枠付き)をクリックします。

2. 完成例の位置を参考に、ドラッグして吹き出しを描画します。描画後、高さ9mm、幅22mm程度のサイズに調整します。

3. 描画した吹き出しを選択し、[図形の書式] タブの [図形のスタイル] グループの [図形の塗りつぶし] ボタンの▼をクリックして、"テーマの色"の [白、背景1] をクリックします。

4. [図形の枠線] ボタンの▼をクリックして、[黒、テキスト1] をクリックします。

5. [ホーム] タブの [フォント] グループの [フォントの色] ボタンの▼をクリックして"テーマの色"の [黒、テキスト1] をクリックします。

6. 吹き出しの中でクリックしてカーソルを表示し、「接触箇所」と入力します。

7. 描画した吹き出しをクリックして選択し、黄色いハンドルをドラッグして、引き出し線の位置や角度、長さを調整します。

8. [図形の書式] タブの [図形の枠線] ボタンの▼をクリックして、[矢印] にマウスを合わせ [その他の矢印] をクリックします。

9. 画面右側に表示された [図形の書式設定] 作業ウィンドウの [終点矢印の種類] をクリックして、[円形矢印] をクリックします。

10. [図形の書式設定] 作業ウィンドウの [×] をクリックして閉じます。

⑩

1. [挿入] タブの [図] グループの [図形] ボタンを

クリックして、"基本図形"グループの[テキストボックス]をクリックします。

2. 完成例の図形の位置、サイズを参考に、ドラッグして四角形を描画します。

3. テキストボックス内に「来客駐車スペース」と入力します。

4. テキストボックスをクリックして選択し、[図形の書式]タブの[図形のスタイル]グループの[図形の塗りつぶし]ボタンの▼をクリックして、[塗りつぶしなし]をクリックします。

5. [図形の枠線]ボタンの▼をクリックして、[枠線なし]をクリックします。

⑪

1. ⑩と同様の方法で、"従業員駐車スペース"、"フェンス"、"バックにて駐車中に接触"、"▲北"のテキストボックスを描画し、完成例を参考に配置します。

## 【終了】

1. [ファイル]タブの[名前を付けて保存]をクリックします(自動保存がオンになっている場合は[コピーを保存])。

2. [参照]をクリックして、[Word&Excel課題集_2021]フォルダー内の[保存用]フォルダーに変更します。

3. [ファイル名]ボックスに「問題7始末書完成」と入力し、[保存]をクリックします。

4. [閉じる]をクリックして文書を閉じます。

---

**Word 8 議事録**

## 【準備】

1. Wordを起動します。

2. [開く]をクリックします。

3. [参照]をクリックして、[Word&Excel課題集

_2021]フォルダーから、Wordファイル「議事録(入力)」をクリックして[開く]をクリックします。

①

1. 10行目～14行目までを選択します。

2. [レイアウト]タブの[段落]グループの[左インデント]ボックスを[4字]に設定します。

②

1. 9行目を選択します。

2. Ctrlキーを押しながら15行目～32行目までをドラッグして選択します。

3. [ホーム]タブの[段落]グループの[段落番号]ボタンの▼をクリックして[1.2.3.]の段落番号をクリックします。

③

1. 18行目を選択します。

2. Ctrlキーを押しながら25行目、29行目、31行目を選択します。

3. [ホーム]タブの[段落]グループの[段落番号]ボタンの▼をクリックして[リストのレベルの変更]にマウスを合わせて[(ア)―――](レベル2)をクリックします。

④

1. 19行目～24行目を選択します。

2. Ctrlキーを押しながら26行目～28行目、30行目、32行目～33行目を選択します。

3. [ホーム]タブの[段落]グループの[段落番号]ボタンの▼をクリックして[リストのレベルの変更]にマウスを合わせて[① ―――](レベル3)をクリックします。

⑤

1. ④でリストのレベルを変更した段落を再度選

択します。

2. [ホーム] タブの [段落] グループの [箇条書き] ボタンの▼をクリックして [➤] の行頭文字をクリックします。

⑥

1. 5行目の"日時"の文字列を選択します。

2. [ホーム] タブの [段落] グループの [均等割り付け] ボタンをクリックします。

3. [新しい文字列の幅] を [4字] に設定し、[OK] をクリックします。

4. 同様の方法で、"場所"、"出席者" にも均等割り付けを設定します。

5. 8行目の"議事"の文字列を選択します。末尾の段落記号がいっしょに選択された場合は、Shiftキーを押しながら←キーを押して段落記号を選択から除外します。

6. 同様の方法で均等割り付けを行います。

⑦

1. 1行目を選択します。

2. [ホーム] タブの [フォント] グループの [フォントサイズ] ボックスの▼をクリックして [12] をクリックします。

3. [太字] ボタンをクリックします。

4. [ホーム] タブの [段落] グループの [中央揃え] ボタンをクリックします

⑧

1. [レイアウト] タブの [ページ設定] グループの [余白] ボタンをクリックし、一番下の [ユーザー設定の余白] をクリックします。

2. [余白] の [上] ボックスの数値を30mmに変更します。

3. [OK] をクリックします。

【終了】

1. [ファイル] タブの [名前を付けて保存] をクリックします（自動保存がオンになっている場合は [コピーを保存]）。

2. [参照] をクリックして、[Word&Excel課題集_2021] フォルダー内の [保存用] フォルダーに変更します。

3. [ファイル名] ボックスに「問題8議事録完成」と入力し、[保存] をクリックします。

4. [閉じる] をクリックして文書を閉じます。

## Word 9 祝賀会席次表

【準備】

1. Wordを起動します。

2. [白紙の文書] をクリックします。

①

1. [レイアウト] タブの [ページ設定] グループの [サイズ] ボタンをクリックして [A4] が選択されていることを確認します。確認後は文書内の任意の位置をクリックして、サイズ一覧の表示をキャンセルします。

2. [印刷の向き] ボタンをクリックして [横] をクリックします。

3. [余白] ボタンをクリックして [狭い] をクリックします。

②

1. 文章を入力します。"令和〇年11月14日" の下に空白行を複数行改行しておきます。図形の操作を行いやすくするためです。

③

1. 4行目を選択します。

2. [ホーム] タブの [フォント] グループの [フォ

ント] ボックスの▼をクリックして [HG正楷書
体-PRO] をクリックします。

3. [フォント] グループの [フォントサイズ] ボッ
クスの▼をクリックして [14] をクリックしま
す。

4. [フォント] グループの [太字] ボタンをクリッ
クします。

5. [段落] グループの [中央揃え] ボタンをクリッ
クします。

④

1. 5行目を選択します。

2. [ホーム] タブの [フォント] グループの [フォ
ント] ボックスの▼をクリックして [HG正楷書
体-PRO] をクリックします。

3. [段落] グループの [中央揃え] ボタンをクリッ
クします。

⑤

1. [挿入] タブの [図] グループの [図形] ボタンを
クリックして、"基本図形" グループの [楕円]
をクリックします。

2. Shiftキーを押しながらドラッグして正円を描
画します。描画後、高さ26mm、幅26mm程度
のサイズに調整します。

3. [図形の書式] タブの [図形のスタイル] グルー
プの [図形の塗りつぶし] ボタンの▼をクリッ
クして、"テーマの色" の [白、背景1] をクリッ
クします。

4. [図形の枠線] ボタンの▼をクリックして、[黒、
テキスト1] をクリックします。

⑥

1. [挿入] タブの [図] グループの [図形] ボタンを
クリックして、"基本図形" グループの [テキス
トボックス] をクリックします。

2. 完成例の図形の位置、サイズを参考に、ドラッ

グしてテキストボックスを描画します。

3. テキストボックス内に 「○○○○様」 と入力し
ます。

4. テキストボックスをクリックして選択し、[図
形の書式] タブの [図形のスタイル] グループの
[図形の塗りつぶし] ボタンの▼をクリックし
て、[塗りつぶしなし] をクリックします。

5. [図形の枠線] ボタンの▼をクリックして、[枠
線なし] をクリックします。

6. [ホーム] タブの [フォント] グループの [フォ
ント] ボックスの▼をクリックして [HG正楷書
体-PRO] をクリックします。

⑦

1. ⑥で描画したテキストボックスをクリックし
て選択します。

2. Ctrlキーを押しながらテキストボックスの枠線
にマウスを合わせてドラッグし、コピーします。

3. 同様の方法で、残りのテキストボックスをコ
ピーします。

⑧

1. テーブルの左側の3つのテキストボックスのう
ち1つをクリックして選択します。

2. 残りの2つのテキストボックスをShiftキーを押
しながらクリックして選択します。

3. [図形の書式] タブの [配置] グループの [配置]
ボタンをクリックして、[左揃え] をクリック
します。

4. [配置] ボタンをクリックして、[上下に整列]
をクリックします。

5. 同様の方法で、テーブルの右側の3つのテキス
トボックスも整列します。

⑨

1. テーブルを表す正円の図形と6つのテキスト
ボックスを選択します（2つ目以降の選択時に

はShiftキーを押しながらクリックします)。

2. [図形の書式] タブの [配置] グループの [グループ化] ボタンをクリックして [グループ化] をクリックします。

⑩

1. ⑨でグループ化した図形をクリックして選択します（グループ内ならどの図形をクリックしてもかまいません）。

2. Ctrlキーを押しながら、ドラッグしてコピーします。全部で9セットになるまで同様の操作を行います。

⑪

1. 完成例を参考に、おおよその位置にグループ化した図形を配置します。

2. [図形の書式] タブの [配置] グループの [配置] ボタンをクリックすると表示される [左揃え]、[右揃え]、[上揃え]、[下揃え]、[左右に整列]、[上下に整列] を使って、それぞれのグループ図形を整列します。

⑫

1. 1行目にカーソルを移動します。

2. [挿入] タブの [アイコン] をクリックします。

3. 検索キーワードを入力するボックスに、「お祝い」と入力して、検索結果の一覧から該当のアイコンをクリックして、[挿入] をクリックします。

4. 挿入したアイコンをクリックして選択し、すぐ右側に表示される [レイアウトオプション] をクリックして、[前面] をクリックします。

5. 挿入したアイコンをクリックして選択し、アイコンの四隅に表示されるサイズ変更ハンドルをドラッグしてサイズを調整します。

6. アイコンをドラッグして位置を調整します。

⑬

1. 挿入したアイコンをクリックして選択し、[グラフィックス形式] タブの [グラフィックのスタイル] グループの [グラフィックの塗りつぶし] ボタンをクリックして、"テーマの色"の [ゴールド、アクセント4] をクリックします。

⑭

1. 1行目にカーソルを移動します。

2. [挿入] タブの [テキスト] グループの [ワードアートの挿入] ボタンをクリックして，[塗りつぶし：ゴールド、アクセント カラー4；面取り（ソフト）] の種類をクリックします。

3. "ここに文字を入力" というワードアートが挿入されたら、その文字を「50」に入力しなおします。

4. [ホーム] タブの [フォント] グループの [フォントサイズ] ボタンを使って、アイコンと組み合わせるのに適したフォントサイズに調整します。

⑮

1. アイコンを配置している箇所に、ワードアートをドラッグして移動し組み合わせます。

2. サイズや位置の微調整を行います（位置を微調整する際は、図形を選択した状態でカーソルキーを使います）。

3. アイコンをクリックして選択し、Shiftキーを押しながらワードアートをクリックして選択します（順番は反対でもかまいません）

4. [図形の書式] タブの [配置] グループの [グループ化] ボタンをクリックして [グループ化] をクリックします。

【終了】

1. [ファイル] タブの [名前を付けて保存] をクリックします（自動保存がオンになっている場

合は［コピーを保存］）。

2．［参照］をクリックして、［Word&Excel課題集
_2021］フォルダー内の［保存用］フォルダーに
変更します。

3．［ファイル名］ボックスに「問題9祝賀会席次表完
成」と入力し、［保存］をクリックします。

4．［閉じる］をクリックして文書を閉じます。

## Word 10 自分史

### 【準備】

1．Wordを起動します。

2．［開く］をクリックします。

3．［参照］をクリックして、［Word&Excel課題集
_2021］フォルダーから、Wordファイル「自分
史本文（入力）」をクリックして［開く］をクリッ
クします。

### ①

1．1行目を選択します。

2．［ホーム］タブの［スタイル］グループの［見出
し1］をクリックします。

3．2行目を選択します。Ctrlキーを押しながら、9
行目、16行目、25行目、35行目を選択します。

4．［ホーム］タブの［スタイル］グループの［見出
し2］をクリックします（［見出し2］が表示され
ていない場合は、ボックス右側の下向き矢印を
クリックして探してください）。

### ②

1．1行目を選択します。

2．［ホーム］タブの［フォント］グループの［フォ
ント］ボックスの▼をクリックして［HGS創英
角ゴシックUB］をクリックします。

3．［フォント］グループの［フォントサイズ］ボック
スの▼をクリックして［14］をクリックします。

4．［フォントの色］ボタンの▼をクリックして
"テーマの色"の［白、背景1］をクリックします。

5．［段落］グループの［罫線］ボタンの▼をクリッ
クして［線種とページ罫線と網掛けの設定］を
クリックします。

6．［網かけ］タブの［背景の色］ボックスの▼をク
リックして、"テーマの色"の［ブルーグレー、
テキスト2］をクリックします。

7．［設定対象］が［文字］になっている場合は［段
落］に変更します。

8．［OK］をクリックします。

9．［ホーム］タブの［段落］グループの［中央揃え］
ボタンをクリックします。

10．［レイアウト］タブの［段落］グループの［後の
間隔］ボックスを1行に設定します。

### ③

1．1行目を選択した状態で、［ホーム］タブの［ス
タイル］グループの［見出し1］にマウスを合わ
せ右クリックします。

2．［選択個所と一致するように 見出し1 を更新す
る］をクリックします。

### ④

1．2行目を選択します。

2．［ホーム］タブの［フォント］グループの［太字］
ボタンをクリックします。

3．［ホーム］タブの［段落］グループの［中央揃え］
ボタンをクリックします。

4．［レイアウト］タブの［段落］グループの［前の
間隔］ボックスを0.5行に設定します。

5．［レイアウト］タブの［段落］グループの［後の
間隔］ボックスを0.5行に設定します。

6．［ホーム］タブの［段落］グループの［罫線］ボタ
ンの▼をクリックして［外枠］をクリックしま
す。

⑤

1. 2行目を選択した状態で、[ホーム] タブの [スタイル] グループの [見出し2] にマウスを合わせ右クリックします。
2. [選択個所と一致するように 見出し2 を更新する] をクリックします。

⑥

1. 1ページの2行目から2ページ目の "テレビ鑑賞が専らの日課" の段落までを選択します。
2. [レイアウト] タブの [ページ設定] グループの [段組み] ボタンをクリックします。
3. [2段] をクリックします。

## 【終了】

1. [ファイル] タブの [名前を付けて保存] をクリックします（自動保存がオンになっている場合は [コピーを保存]）。
2. [参照] をクリックして、[Word&Excel課題集_2021] フォルダー内の [保存用] フォルダーに変更します。
3. [ファイル名] ボックスに「問題11自分史本文完成」と入力し、[保存] をクリックします。
4. [閉じる] をクリックして文書を閉じます。

## Word 11 町内地図

## 【準備】

1. Wordを起動します。
2. [白紙の文書] をクリックします。

①

1. 文章を入力します。

②

1. 3行目〜4行目を選択します。
2. [ホーム] タブの [段落] グループの [右揃え] ボタンをクリックします。
3. 1行目を選択します。
4. Ctrlキーを押しながら6行目を選択します。
5. Ctrlキーを押しながら13行目を選択します。
6. [段落] グループの [中央揃え] ボタンをクリックします。

③

1. 文書内のすべての行を選択します。
2. [ホーム] タブの [フォント] グループの [フォントサイズ] ボックスの▼をクリックして [12] をクリックします。
3. 1行目を選択します。
4. Ctrlキーを押しながら6行目を選択します。
5. [ホーム] タブの [フォント] グループの [フォントサイズ] ボックスの▼をクリックして [16] をクリックします。
6. 再度、文書内のすべての行を選択します。
7. [ホーム] タブの [段落] グループの右下にある ⏷ [段落の設定] ボタンをクリックします。
8. [インデントと行間隔] タブの [間隔] グループの [1ページの行数を指定時に文字を行グリッド線に合わせる] チェックボックスをオフにして [OK] をクリックします。

④

1. 8行目〜11行目を選択します。
2. [ホーム] タブの [段落] グループの右下にある ⏷ [段落の設定] ボタンをクリックします。
3. [インデントと行間隔] タブの [最初の行] ボックスの▼をクリックして [字下げ] をクリックし、[1字] に設定します。
4. [OK] をクリックします。

## ⑤

1. 1行目を選択します。
2. [ホーム] タブの [段落] グループの [罫線] ボタンの▼をクリックして [線種とページ罫線と網かけの設定] をクリックします。
3. [罫線] タブの "種類" の [囲む] をクリックし、[色] ボックスの▼をクリックして "標準の色" の [赤] をクリックします。
4. [設定対象] ボックスの▼をクリックして [文字] をクリックします（設定対象が段落になっていると段落全体に罫線が引かれます）。
5. [OK] をクリックします。
6. [ホーム] タブの [段落] グループの [フォントの色] ボタンの▼をクリックして "標準の色" の [赤] をクリックします。

## ⑥

1. 1行目の "回" の文字の左側にカーソルを移動します。
2. Shiftキーを押しながらスペースキーを押します。
3. 1行目の "覧" の文字の右側にカーソルを移動します。
4. Shiftキーを押しながらスペースキーを押します。

## ⑦

1. 14行目〜15行目を選択します。
2. [ホーム] タブの [段落] グループの [箇条書き] ボタンの▼をクリックして [●] をクリックします。

## ⑧

1. 14行目〜15行目を選択します。
2. [レイアウト] タブの [段落] グループの [左インデント] ボックスを7字に設定します。

## ⑨

1. 14行目の "公園横" の文字の右側にカーソルを移動し、Tabキーを押します。
2. 15行目の "公民館向かい" の文字の右側にカーソルを移動し、Tabキーを押します。

## ⑩

1. 14行目〜15行目を選択します。
2. [ホーム] タブの [段落] グループの右下にある ⬊ [段落の設定] ボタンをクリックします。
3. [インデントと行間隔] タブの [タブ設定] をクリックします。
4. [タブ位置] ボックスに「28」と入力します（単位がmmになっている場合は「字」まで入力）。
5. "配置" は [左揃え] が選ばれている状態にし、"リーダー" は [（5）] を選択します。
6. [OK] をクリックします。

## ⑪

1. [挿入] タブの [図] グループの [図形] ボタンをクリックして、"四角形" グループの [正方形/長方形] をクリックします。
2. 完成例の図形の位置、サイズを参考に、ドラッグして長方形を描画します。
3. [図形の書式] タブの [図形のスタイル] グループの [図形の塗りつぶし] ボタンの▼をクリックして、"テーマの色" の [白、背景1、黒 + 基本色35％] をクリックします。
4. [図形の枠線] ボタンの▼をクリックして、[枠線なし] をクリックします。

## ⑫

1. [挿入] タブの [図] グループの [図形] ボタンをクリックして、"四角形" グループの [正方形/長方形] をクリックします。
2. 完成例の図形の位置、サイズを参考に、ドラッグして長方形を描画します。

⑬

1. ⑪で描画した長方形をクリックして選択し、[ホーム] タブの [クリップボード] グループの [書式のコピー /貼り付け] ボタンをクリックします。
2. ⑫で描画した図形をクリックします。

⑭

1. ⑪で描画した長方形をクリックして選択し、CtrlキーとShiftキーを押しながら下方向へドラッグしてコピーします。
2. ⑫で描画した長方形をクリックして選択し、CtrlキーとShiftキーを押しながら右方向へドラッグしてコピーします。

⑮

1. 3つの縦長の長方形のうち、1つをクリックして選択します。残りの2つをShiftキーを押しながらクリックして選択します。
2. [図形の書式] タブの [配置] グループの [配置] ボタンをクリックして、[左右に整列] をクリックします。

⑯

1. ⑮で整列させた長方形のうち真ん中の長方形をクリックして選択します。
2. 図形の上部の回転ハンドルを使って角度を調整します。
3. 周囲に表示されたサイズ変更ハンドルを使ってサイズを調整します。

⑰

1. [挿入] タブの [図] グループの [図形] ボタンをクリックして、"四角形" グループの [正方形/長方形] をクリックします。
2. 完成例の図形の位置、サイズを参考に、Shiftキーを押しながらドラッグして正方形を描画します。

3. [挿入] タブの [図] グループの [図形] ボタンをクリックして、"基本図形" グループの [楕円] をクリックします。
4. 完成例の図形の位置、サイズを参考に、Shiftキーを押しながらドラッグして正円を描画します。
5. 描画した2つの図形を選択します。
6. [図形の書式] タブの [図形のスタイル] グループの [スタイル] ボックスの [その他] をクリックします。
7. スタイルの一覧から "テーマスタイル" の [グラデーション、オレンジ、アクセント2] をクリックします。

⑱

1. 正円の図形をクリックして選択します。
2. [図形の書式] タブの [図形の挿入] グループの [図形の編集] ボタンをクリックします。
3. [図形の変更] にマウスを合わせて [正方形/長方形] をクリックします。

⑲

1. 2つの正方形の図形を選択します。
2. [図形の書式] タブの [サイズ] グループの [高さ] ボックスを9mmに設定します。
3. [幅] ボックスを9mmに設定します。

⑳

1. [挿入] タブの [図] グループの [図形] ボタンをクリックして、"基本図形" グループの [テキストボックス] をクリックします。
2. 完成例の図形の位置、サイズを参考に、ドラッグしてテキストボックスを描画します。
3. テキストボックス内に「公民館」と入力します。
4. [図形の書式] タブの [テキスト] グループの [文字の配置] ボタンをクリックして [上下中央揃え] をクリックします。

5. [ホーム] タブの [段落] グループの [中央揃え]
ボタンをクリックします。

㉑

1. [挿入] タブの [図] グループの [図形] ボタンを
クリックして、"線" グループの [フリーフォー
ム：図形] をクリックします。

2. 描きはじめの位置でクリックします。図形の
角にあたる位置でクリックします。最後に描
きはじめの位置にマウスを合わせてクリック
します（Shiftキーを押しながらクリックすると
直線で描画できます。クリックする位置を変
更したい場合はBackspaceキーを押します）。

3. [図形の書式] タブの [図形のスタイル] グルー
プの [図形の塗りつぶし] ボタンの▼をクリッ
クして、"テーマの色" の [緑、アクセント6、白
＋ 基本色60％] をクリックします。

4. [図形の枠線] ボタンの▼をクリックして、[緑、
アクセント6] をクリックします。

5. [図形の枠線] ボタンの▼をクリックして、[太
さ] をクリックし、[0.5pt] をクリックします。

㉒

1. 描画したフリーフォームの図形を選択します。
2. そのまま「みどり（改行）第1公園」と入力しま
す。

3. 入力した文字列を選択し、[ホーム] タブの
[フォント] グループの [フォントの色] ボタン
の▼をクリックして、"テーマの色" の [黒、テ
キスト1] をクリックします。

4. [ホーム] タブの [段落] グループの [両端揃え]
ボタンをクリックします。

㉓

1. [挿入] タブの [図] グループの [図形] ボタンを
クリックして、"吹き出し" グループの [吹き出
し：線]（線吹き出し1枠付き)をクリックします。

2. 完成例の図形の位置、サイズを参考に、ドラッ
グして吹き出しを描画します。

3. 描画した吹き出しの中にカーソルが表示され
ていることを確認して「第8号」と入力します。

4. 描画した吹き出しをクリックして選択し、引き
出し線を調整するための黄色いハンドルをド
ラッグして、引き出し線の位置や角度、長さを
調整します。

5. 描画した吹き出しをクリックして選択し、Ctrl
キーを押しながらドラッグしてコピーします。

6. コピーした吹き出しをクリックして選択し、
[図形の書式] タブの [配置] グループの [回転]
ボタンをクリックして [左右反転] をクリック
します。

7. 吹き出し内の文字列を「第7号」に入力し直しま
す。

8. 完成例を参考に位置を調整します。

㉔

1. [挿入] タブの [図] グループの [図形] ボタンを
クリックして、"四角形" グループの [正方形/
長方形] をクリックします。

2. ここまでで描画した図形をすべて覆い隠すよ
うにドラッグして四角形を描画します。

3. [図形の書式] タブの [図形のスタイル] グルー
プの [図形の塗りつぶし] ボタンの▼をクリッ
クして、"テーマの色" の [白、背景1] をクリッ
クします。

4. [図形の枠線] ボタンの▼をクリックして、[黒、
テキスト1] をクリックします。

5. [配置] グループの [背面へ移動] ボタンの▼を
クリックして [最背面へ移動] をクリックしま
す。

㉕

1. [ホーム] タブの [編集] グループの [選択] ボタ
ンをクリックして、[オブジェクトの選択] を

クリックします。

2. すべての図形を囲むように左上から右下へドラッグします。

3. すべての図形が選択できたことを確認して、[図形の書式] タブの [配置] グループの [グループ化] ボタンをクリックして [グループ化] をクリックします。

4. Escキーを押してオブジェクトの選択モードをキャンセルします。

## 【終了】

1. [ファイル] タブの [名前を付けて保存] をクリックします（自動保存がオンになっている場合は [コピーを保存]）。

2. [参照] をクリックして、[Word&Excel課題集_2021] フォルダー内の [保存用] フォルダーに変更します。

3. [ファイル名] ボックスに「問題11町内地図完成」と入力し、[保存] をクリックします。

4. [閉じる] をクリックして文書を閉じます。

---

**Word 12　表彰状**

## 【準備】

1. Wordを起動します。
2. [白紙の文書] をクリックします。

### ①

1. [レイアウト] タブの [ページ設定] グループの [文字列の方向] ボタンをクリックして [縦書き] をクリックします。

2. [ページ設定] グループの右下にある ▣ [ページ設定] ボタンをクリックします。

3. [余白] タブの [上] ボックスを [40mm] に設定します。

4. [OK] をクリックします。

### ②

1. 文章を入力します。

### ③

1. [レイアウト] タブの [ページ設定] グループの右下にある ▣ [ページ設定] ボタンをクリックします。

2. [その他] タブの [垂直方向の配置] ボックスの▼をクリックして [中央寄せ] をクリックします。

3. [OK] をクリックします。

### ④

1. Ctrlキーを押しながらAのキーを押します（すべて選択）。

2. [ホーム] タブの [フォント] グループの [フォント] ボックスの▼をクリックして [HG正楷書体-PRO] をクリックします。

3. [フォント] グループの [太字] ボタンをクリックします。

### ⑤

1. 1行目を選択します。

2. [ホーム] タブの [フォント] グループの [フォントサイズ] ボックス内をクリックし、「64」と入力してEnterキーを押します。

3. [レイアウト] タブの [左インデント] ボックスを5字に設定します。

4. 2行目を選択します。

5. [ホーム] タブの [フォント] グループの [フォントサイズ] ボックスを [42] に設定します。

6. [段落] グループの [下揃え] ボタンをクリックします。

7. 3行目～4行目を選択します。

8. [ホーム] タブの [フォント] グループの [フォントサイズ] ボックスの▼をクリックして [36] をクリックします。

9. [レイアウト] タブの [前の間隔] ボックスを2

行に設定します。

10. 7行目を選択します。

11. [ホーム] タブの [フォント] グループの [フォントサイズ] ボックスを [30] に設定します。

12. [レイアウト] タブの [前の間隔] ボックスを2行に設定します。

13. [レイアウト] タブの [左インデント] ボックスを3字に設定します。

14. 8行目を選択します。

15. [ホーム] タブの [フォント] グループの [フォントサイズ] ボックスを [30] に設定します。

16. [レイアウト] タブの [左インデント] ボックスを6字に設定します。

17. 9行目の文字列 "会長" を選択します。

18. [ホーム] タブの [フォント] グループの [フォントサイズ] ボックスを [30] に設定します。

19. 9行目の文字列 "和戸太郎" を選択します。

20. [ホーム] タブの [フォント] グループの [フォントサイズ] ボックスを [42] に設定します。

21. 9行目を選択します。

22. [ホーム] タブの [段落] グループの [下揃え] ボタンをクリックします。

⑥

1. 3行目〜6行目を選択します。

2. [ホーム] タブの [フォント] グループの右下にある [フォント] ボタンをクリックします。

3. [詳細設定] タブの [文字間隔] ボックスの▼をクリックして [広く] をクリックします。

4. [間隔] ボックスを [0.5pt] に設定し、[OK] をクリックします。

⑦

1. [デザイン] タブの [ページの背景] グループの [ページ罫線] ボタンをクリックします。

2. [ページ罫線] タブの [絵柄] ボックスの▼をクリックし、下図の絵柄をクリックします。

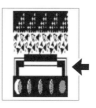

3. [色] ボックスの▼をクリックして [ゴールド、アクセント4] をクリックします

4. [線の太さ] ボックスを22ptに設定します。

5. [OK] をクリックします。

⑧

1. [デザイン] タブの [ページの背景] グループの [ページ罫線] ボタンをクリックします。

2. [ページ罫線] タブの [オプション] ボタンをクリックします。

3. [基準] ボックスの▼をクリックして [本文] をクリックします。

4. 上30pt、下20pt、左8pt、右8ptに設定して [OK] をクリックします。

5. [OK] をクリックします。

⑨

1. 文書内の任意の位置にカーソルを移動します（どの位置にカーソルがあってもかまいません。あくまで挿入時の初期位置です）。

2. [挿入] タブの [画像] ボタンをクリックして、[このデバイス] をクリックします。

3. [Word&Excel課題集_2021] フォルダー内の [問題12表彰状使用データ] フォルダーを開いて、画像ファイル [表彰状リボン] を選択し、[挿入] をクリックします。

⑩

1. 挿入した画像をクリックして選択し、[図の形式] タブの [配置] グループの [文字列の折り返し] ボタンをクリックして、[前面] をクリックします。

2. 画像をドラッグして完成例の位置に配置しま

す（この時点ではページ罫線より背面にあって
かまいません）。

⑪

1. ［デザイン］タブの［ページの背景］グループの
   ［ページ罫線］ボタンをクリックします。
2. ［ページ罫線］タブの［オプション］ボタンをク
   リックします。
3. ［常に手前に表示する］チェックボックスをオ
   フにして［OK］をクリックします。
4. ［OK］をクリックします。

## 【終了】

1. ［ファイル］タブの［名前を付けて保存］をク
   リックします（自動保存がオンになっている場
   合は［コピーを保存］）。
2. ［参照］をクリックして、［Word&Excel課題集
   _2021］フォルダー内の［保存用］フォルダーに
   変更します。
3. ［ファイル名］ボックスに「問題12表彰状完成」と
   入力し、［保存］をクリックします。
4. ［閉じる］をクリックして文書を閉じます。

# Excel解答

解答では、操作手順を1ステップずつ解説します。問題を解くうえでさまざまな操作法がある場合は、状況に合わせて効率的な方法を紹介しています。したがって、問題によっては異なった操作を紹介している場合があります。また、解答どおりでなくても問題の要求を満たしていれば正解です。

## Excel 13　予定表

### 【準備】

1. [スタート] ボタンをクリックします。
2. [すべてのアプリ] をクリックして [Excel] をクリックします。
3. [空白のブック] をクリックします。

### ①

1. 画面下部のシート見出し "Sheet1" をダブルクリックします。
2. 「1月」と入力してEnterキーで決定します。

### ②

1. データを入力します。

### ③

1. A列とB列の列番号の境界線にマウスを合わせて右方向へドラッグを開始します。
2. "14.13" と表示される位置でドラッグを終了します。
3. 同様の方法で、B列、C列、D列の列の幅を調整します。

### ④

1. セルA3を選択します。
2. [ホーム] タブの [数値] グループの右下にある ⬎ [表示形式] ボタンをクリックします。
3. [表示形式] タブの "分類" の一覧から [日付] をクリックし、"種類" の一覧から [3月14日] を

クリックします。
4. [OK] をクリックします。

### ⑤

1. セルB3を選択します。
2. 「=」を入力します。
3. セルA3をクリックします（=A3と表示されます）。
4. Enterキーを押して決定します。

### ⑥

1. セルB3を選択します。
2. [ホーム] タブの [数値] グループの右下にある ⬎ [表示形式] ボタンをクリックします。
3. [表示形式] タブの "分類" の一覧から [ユーザー定義] をクリックし、[種類] ボックスにもともと入力されていた値は削除し、半角で「aaa」と入力します。
4. [OK] をクリックします。

### ⑦

1. セルA3〜B3を選択します。
2. 選択した範囲の右下に表示されているフィルハンドルにマウスを合わせます（マウスポインターの形が+に変化します）。
3. 33行目までドラッグします。

### ⑧

1. C列の列番号にマウスを合わせて右クリックします。

2. [挿入] をクリックします。

3. 挿入した列のすぐ右側に表示された [挿入オプ
ション] をクリックします。

4. [書式のクリア] をクリックします。

5. C列とD列の列番号の境界線にマウスを合わせ
て右方向へドラッグし、列の幅を"6.88"に設
定します。

6. セルC2に「祝日」と入力します。

7. セルC3に「元日」と入力します。

8. セルC15に「成人の日」と入力します。

⑨

1. 完成例を参考にデータを入力します。

⑩

1. セルA2～E33を選択します。

2. [ホーム] タブの [フォント] グループの [罫線]
ボタン(初期状態では [下罫線] が表示されてい
ます)の▼をクリックして、[格子] をクリック
します。

⑪

1. セルA2～E2を選択します。

2. [ホーム] タブの [配置] グループの [中央揃え]
ボタンをクリックします。

3. セルB3～C33を選択し、同様に中央揃えの設
定をします。

⑫

1. セルA1を選択します。

2. [ホーム] タブの [フォント] グループの [フォ
ントサイズ] ボックスの▼をクリックして [14]
をクリックします。

3. [フォント] グループの [太字] ボタンをクリッ
クします。

4. セルA2～E33を選択します。

5. [フォント] グループの [フォントサイズ] ボッ

クスの▼をクリックして [12] をクリックしま
す。

6. セルA2～E2を選択します。Ctrlキーを押しな
がら、セルA3～B33を選択します。

7. [フォント] グループの [太字] ボタンをクリッ
クします。

8. セルC3～C33を選択します。

9. [配置] グループの右下にある ⬓ [配置の設定]
ボタンをクリックします。

10. [配置] タブの "文字の制御"の [縮小して全体
を表示する] チェックボックスをオンにしま
す。

⑬

1. セルD2を選択します。

2. [ホーム] タブの [フォント] グループの [塗り
つぶしの色] ボタンの▼をクリックして、"テー
マの色"の [青、アクセント5、白 + 基本色
40％] をクリックします。

3. 同様の方法で、セルE2の塗りつぶしの色を
"テーマの色"の [ゴールド、アクセント4、白 +
基本色40％] に設定します。

⑭

1. シート見出し "1月"をCtrlキーを押しながら右
方向へドラッグします。

2. コピーされたシートのシート見出し "1月 (2)"
をダブルクリックして、「2月」と入力します。

⑮

1. シート "2月"のセルA1をダブルクリックしま
す。

2. 「1」の文字を消して「2」に修正し、決定します。

⑯

1. セルA3をダブルクリックします。

2. データを「2024/2/1」に修正し、決定します。

3. セルA3を選択します。
4. フィルハンドルにマウスを合わせて、セルA31
   までドラッグします。
5. フィルコピーしたセルの右下に表示された
   [オートフィルオプション] をクリックし、[書
   式なしコピー（フィル）] をクリックします。

⑰

1. 32行目～33行目を選択します（行番号の位置
   でドラッグして選択します）。
2. 選択した範囲内で右クリックし、[削除] をク
   リックします。

⑱

1. セルC3～E31を選択し、Deleteキーを押して、
   現在入力されている1月のデータを削除しま
   す。
2. 完成例を参考に2月のデータを入力します。

## 【終了】

1. [ファイル] タブの [名前を付けて保存] をク
   リックします（自動保存がオンになっている場
   合は [コピーを保存]）。
2. [参照] をクリックして、[Word&Excel課題集
   _2021] フォルダー内の [保存用] フォルダーに
   変更します。
3. [ファイル名] ボックスに「問題13予定表完成」
   と入力し、[保存] をクリックします。
4. [閉じる] をクリックしてブックを閉じます。

**Excel 14** 預貯金管理表

## 【準備】

1. Excelを起動します。
2. [空白のブック] をクリックします。

①

1. 画面下部のシート見出し "Sheet1" をダブルク
   リックします。
2. 「預貯金管理表」と入力してEnterキーで決定し
   ます。

②

1. データを入力します。
2. セルC3に「4月」と入力したら、フィルハンド
   ルをセルH3までドラッグして「5月・6月・7月・
   8月・9月」のデータを入力します。
3. セルB4の「A銀行」まで入力したら、Alt + Enter
   キーでセル内改行し、「（給与振込口座）」と入
   力します。セルB6、B8も同様の方法で入力し
   ます。
4. 完成例を参考に列の幅や行の高さを調整しま
   す。完成例とまったく同じ設定にする必要は
   ありません。

③

1. セルC13を選択します。
2. [ホーム] タブの [編集] グループの [合計] ボタ
   ン(オートSUM)をクリックします。
3. セルC4をクリックします。
4. Ctrlキーを押しながら、セルC6、C8、C10をク
   リックします（=SUM(C4,C6,C8,C10)と表示
   されます）。
5. Enterキーを押して決定します。
6. セルC13を選択し、フィルハンドルをセルH13
   までドラッグします。

④

1. セルD5を選択します。
2. 「=」を入力します。
3. セルD4をクリックします（=D4と表示されま
   す）。
4. 「-」を入力します。

5. セルC4をクリックします（=D4-C4と表示されます）。

6. Enterキーを押して決定します。

7. セルD5を選択し、フィルハンドルをセルH5までドラッグします。

⑤

1. セルD5～H5を選択します。

2. [ホーム] タブの [クリップボード] グループの [コピー] ボタンをクリックします。

3. セルD7を選択します。

4. [クリップボード] グループの [貼り付け] ボタンをクリックします。

5. セルD9を選択します。

6. [クリップボード] グループの [貼り付け] ボタンをクリックします。

7. 同様の操作を繰り返し、D11、D14にも貼り付けます。

8. すべての貼り付け完了後、セルD5～H5に表示されているコピー範囲を表す点線をEscキーを押して消しておきます。

⑥

1. セルC4～H11を選択します。

2. Ctrlキーを押しながら、セルC13～H14を選択します。

3. [ホーム] タブの [数値] グループの [桁区切りスタイル] ボタンをクリックします。

⑦

1. セルB1を選択します。

2. [ホーム] タブの [フォント] グループの [フォントサイズ] ボックスの▼をクリックして [14] をクリックします。

3. [フォント] グループの [太字] ボタンをクリックします。

4. セルB3～H3を選択します。

5. [配置] グループの [中央揃え] ボタンをクリックします。

6. セルB4、B6、B8、B10、B13～H13を選択します。

7. [フォント] グループの [太字] ボタンをクリックします。

8. セルB4をダブルクリックします。

9. 文字列 "（給与振込口座）" をドラッグして選択します。

10. [フォント] グループの [フォントサイズ] ボックスの▼をクリックして [9] をクリックします。

11. 同様の方法で、セルB6、B8内の2行目の文字列のフォントサイズを9ptに設定します。

12. セルB5～H5、B7～H7、B9～H9、B11～H11、B14～H14を選択します。

13. [フォント] グループの [フォントサイズ] ボックスの▼をクリックして [10] をクリックします。

⑧

1. セルB3～H11、B13～H14を選択します。

2. [ホーム] タブの [フォント] グループの [罫線] ボタンの▼をクリックして、[格子] をクリックします。

3. セルB5～H5、B7～H7、B9～H9、B11～H11、B14～H14を選択します。

4. [ホーム] タブの [フォント] グループの [罫線] ボタンの▼をクリックして、[その他の罫線] をクリックします。

5. [罫線] タブの "スタイル" の一覧から、任意の点線をクリックします。

6. "罫線" の ⊞ （上側の罫線に該当するボタン)をクリックします。

7. [OK] をクリックします。

⑨

1. セルB3〜H3を選択します。
2. [ホーム] タブの [フォント] グループの [塗りつぶしの色] ボタンの▼をクリックして、[青、アクセント1、白 + 基本色80％] をクリックします。
3. セルB5〜H5、B7〜H7、B9〜H9、B11〜H11、B14〜H14を選択します。
4. [フォント] グループの [塗りつぶしの色] ボタンの▼をクリックして、[ゴールド、アクセント4、白 + 基本色80％] をクリックします。

⑩

1. セルD5〜H5を選択します。
2. [ホーム] タブの [スタイル] グループの [条件付き書式] ボタンをクリックして、[アイコンセット] にマウスを合わせ [3つの矢印（色分け）] をクリックします。
3. 同様の方法で、セルD7〜H7に設定します。
4. 同様の方法で、セルD9〜H9に設定します。
5. 同様の方法で、セルD11〜H11に設定します。
6. 同様の方法で、セルD14〜H14に設定します。

⑪

1. セルH3を選択して、フィルハンドルをセルI3までドラッグします。

⑫

1. セルH4〜H14を選択して、フィルハンドルをセルI14までドラッグします。
2. フィルコピーしたセルの右下に表示された [オートフィルオプション] をクリックし、[セルのコピー] をクリックします。

⑬

1. I列とJ列の列番号の境界線にマウスを合わせて右方向へドラッグし、H列と同じ幅に調整します。
2. 完成例を参考にI列にデータを入力します。

⑭

1. [ページレイアウト] タブの [ページ設定] グループの [印刷の向き] ボタンをクリックして、[横] をクリックします。

⑮

1. セルB3〜I4を選択します。Ctrlキーを押しながら、B6〜I6、B8〜I8、B10〜I10を選択します。
2. [挿入] タブの [グラフ] グループの [縦棒/横棒グラフの挿入] ボタンをクリックして、"2-D縦棒"の [積み上げ縦棒] をクリックします。

⑯

1. グラフ内の "グラフタイトル" をクリックしてカーソルを表示し、「預貯金額」と入力し直します。

⑰

1. グラフ内をクリックしてグラフを選択します。
2. [グラフのデザイン] タブの [場所] グループの [グラフの移動] ボタンをクリックします。
3. [新しいシート] を選んで、ボックスに「預貯金グラフ」と入力します（これがシート名になります）。
4. [OK] をクリックします。

【終了】

1. [ファイル] タブの [名前を付けて保存] をクリックします（自動保存がオンになっている場合は [コピーを保存]）。
2. [参照] をクリックして、[Word&Excel課題集_2021] フォルダー内の [保存用] フォルダーに変更します。
3. [ファイル名] ボックスに「問題14預貯金管理

表完成」と入力し、[保存] をクリックします。

4. [閉じる] をクリックしてブックを閉じます。

## ライフマネープラン

### 【準備】

1. Excelを起動します。
2. [開く] をクリックします。
3. [参照] をクリックして、[Word&Excel課題集_2021] フォルダー内の「ライフマネープラン (入力)」をクリックして [開く] をクリックします。

### ①

1. セルD11を選択します。
2. [ホーム] タブの [編集] グループの [合計] ボタン (オートSUM) をクリックします (=SUM(D9:D10)と表示されます)。
3. Enterキーを押して決定します。
4. セルD11を選択します。
5. フィルハンドルをセルW11までドラッグします。
6. [オートフィルオプション] をクリックして、[書式なしコピー] をクリックします。

### ②

1. セルD18を選択します。
2. [ホーム] タブの [編集] グループの [合計] ボタン(オートSUM)をクリックします。
3. セルD12〜D17をドラッグします (=SUM(D12:D17)と表示されます)。
4. Enterキーを押して決定します。
5. セルD18を選択します。
6. フィルハンドルをセルW18までドラッグします。
7. [オートフィルオプション] をクリックして、

[書式なしコピー] をクリックします。

### ③

1. セルD19を選択します。
2. 「=」を入力します。
3. セルD11をクリックします (=D11と表示されます)。
4. 「-」を入力します。
5. セルD18をクリックします (=D11-D18と表示されます)。
6. Enterキーを押して決定します。
7. セルD19を選択し、フィルハンドルをセルW19までドラッグします。
8. [オートフィルオプション] をクリックして、[書式なしコピー] をクリックします。

### ④

1. セルD20を選択します。
2. 「=200」を入力します。
3. 「+」を入力します。
4. セルD19をクリックします (=200+D19と表示されます)。
5. Enterキーを押して決定します。

### ⑤

1. セルE20を選択します。
2. 「=」を入力します。
3. セルD20をクリックします (=D20と表示されます)。
4. 「+」を入力します。
5. セルE19をクリックします (=D20+E19と表示されます)。
6. Enterキーを押して決定します。
7. セルE20を選択し、フィルハンドルをセルW20までドラッグします。
8. [オートフィルオプション] をクリックして、[書式なしコピー] をクリックします。

## ⑥

1. セルA4～A7を選択します。
2. ［ホーム］タブの［配置］グループの［セルを結合して中央揃え］ボタンをクリックします。
3. ［配置］グループの［方向］ボタンをクリックして［縦書き］をクリックします。
4. 同様の方法で、セルA9～A11、A12～A18も変更します。

## ⑦

1. セルB4～C7を選択し、Ctrlキーを押しながらセルB12～C17を選択します。
2. ［ホーム］タブの［配置］グループの右下にある [配置の設定] ボタンをクリックします。
3. ［配置］タブの"文字の配置"の［横位置］ボックスの▼をクリックして［均等割り付け（インデント）］をクリックします。
4. ［OK］をクリックします。
5. セルB8～C10を選択し、Ctrlキーを押しながらセルA19～C20を選択します。
6. ［ホーム］タブの［配置］グループの右下にある [配置の設定] ボタンをクリックします。
7. ［配置］タブの"文字の配置"の［横位置］ボックスの▼をクリックして［均等割り付け（インデント）］をクリックします。
8. ［インデント］ボックスを［2］に設定します。
9. ［OK］をクリックします。

## ⑧

1. セルD12を選択します。
2. ［校閲］タブの［メモ］グループの［メモ］ボタンをクリックして、［新しいメモ］をクリックします。
3. Backspaceキーを押して、あらかじめ入力されている記入者名を削除します。
4. 「新車購入の頭金」と入力します。
5. メモ以外の箇所をクリックします。

6. 同様の方法で、セルW16に「リフォーム・修繕費」のメモを挿入します。

## ⑨

1. ［ページレイアウト］タブの［ページ設定］グループの［印刷の向き］ボタンをクリックして、［横］をクリックします。

## ⑩

1. ［表示］タブの［ブックの表示］グループの［改ページプレビュー］ボタンをクリックします。
2. 改ページ位置を表す青い点線をドラッグして、M列とN列の間に移動します（青い実線に変化します）。
3. ［表示］タブの［ブックの表示］グループの［標準］ボタンをクリックします。

## ⑪

1. ［ページレイアウト］タブの［ページ設定］グループの［余白］ボタンをクリックして、一番下の［ユーザー設定の余白］をクリックします。
2. ［余白］タブの"ページ中央"の［水平］と［垂直］チェックボックスをオンにします。
3. ［OK］をクリックします。

## ⑫

1. ［ページレイアウト］タブの［ページ設定］グループの［印刷タイトル］ボタンをクリックします。
2. ［シート］タブの"印刷タイトル"の［タイトル列］ボックス内をクリックしてカーソルを表示します。
3. A列からC列をドラッグします（タイトル列ボックスに$A:$Cと表示されます）。
4. ［印刷プレビュー］をクリックします。
5. 1ページ目のプレビューを確認したら、［次のページ］をクリックして2ページ目のプレ

ビューも確認します

6. Escキーを押して、印刷プレビューを閉じます。

## 【終了】

1. ［ファイル］タブの［名前を付けて保存］をクリックします（自動保存がオンになっている場合は［コピーを保存］）。

2. ［参照］をクリックして、［Word&Excel課題集_2021］フォルダー内の［保存用］フォルダーに変更します。

3. ［ファイル名］ボックスに「問題15ライフマネープラン完成」と入力し、［保存］をクリックします。

4. ［閉じる］をクリックしてブックを閉じます。

## Excel 16　IDパスワード管理表

## 【準備】

1. Excelを起動します。
2. ［空白のブック］をクリックします。

### ①

1. データを入力します。
2. 列の幅や行の高さも調整します。行の高さは行番号と行番号の境界線をドラッグして調整します。

### ②

1. セルB1〜G1を選択します。
2. ［ホーム］タブの［配置］グループの［セルを結合して中央揃え］ボタンをクリックします。
3. セルC3〜D3を選択します。
4. ［配置］グループの［セルを結合して中央揃え］ボタンの▼をクリックして［セルの結合］をクリックします（中央揃えは設定しません）。
5. 結合のタイプに合わせて、上記の方法のどちら

かを使用し、E3〜F3、C7〜D7、E7〜F7、C9〜D9、E9〜F9、C10〜D10、E10〜F10の各セルも結合します（キーボードのF4キーを使用して直前の操作を繰り返す方法も便利です）。

### ③

1. セルB1〜G1を選択します。
2. ［ホーム］タブの［フォント］グループの［フォントサイズ］ボックスの▼をクリックして［16］をクリックします。
3. ［フォント］グループの［太字］ボタンをクリックします。
4. 同様の方法で、セルB2、B6、B13をフォントサイズ12pt、太字に設定します。
5. セルC14〜F14を中央揃えに設定します。
6. セルE3〜F3を選択し、Ctrlキーを押しながらE7〜F7を選択します。
7. ［フォント］グループの［フォントサイズ］ボックスの▼をクリックして［10］をクリックします。
8. ［フォント］グループの［フォントの色］ボタンの▼をクリックして、"テーマの色"の［黒、テキスト1、白+基本色25％］をクリックします。
9. ［ホーム］タブの［配置］グループの［上揃え］ボタンをクリックします。
10. セルC15〜E15を選択します。
11. ［フォント］グループの［フォントサイズ］ボックスの▼をクリックして［10］をクリックします。
12. ［フォント］グループの［フォントの色］ボタンの▼をクリックして、"テーマの色"の［黒、テキスト1、白+基本色25％］をクリックします。

### ④

1. 完成例で罫線を設定しているセル範囲を選択して、［ホーム］タブの［フォント］グループの［罫線］ボタンの▼をクリックして、設定する罫

線をクリックします（今回の完成例では "外枠" と "格子" を使用）。

⑤

1. 16行目から26行目を選択します（行番号をドラッグして選択します）。
2. 26行目と27行目の行番号の境界線にマウスを合わせて下方向にドラッグします。

⑥

1. 完成例で塗りつぶしの色を設定しているセル範囲を選択し、[ホーム] タブの [フォント] グループの [塗りつぶしの色] ボタンの▼をクリックして、"テーマの色" の [白、背景1、黒 + 基本色15%] をクリックします。

⑦

1. [ページレイアウト] タブの [ページ設定] グループの [余白] ボタンをクリックして、[ユーザー設定の余白] をクリックします。
2. [上] [下] [左] [右] ボックスのそれぞれの数値を [0.5] に変更します。
3. [OK] をクリックします。

⑧

1. [ページレイアウト] タブの [拡大縮小印刷] グループの右下にある 🔽 [ページ設定] ボタンをクリックします。
2. [ページ] タブの "拡大縮小印刷" の [次のページ数に合わせて印刷] をオンにします（[横] と [縦] のボックスは [1] に設定）。
3. [OK] をクリックします。

⑨

1. [ファイル] タブの [印刷] をクリックします。
2. 印刷プレビューを確認したらEscキーを押します。

【終了】

1. [ファイル] タブの [名前を付けて保存] をクリックします（自動保存がオンになっている場合は [コピーを保存]）。
2. [参照] をクリックして、[Word&Excel課題集_2021] フォルダー内の [保存用] フォルダーに変更します。
3. [ファイル名] ボックスに「問題16 IDパスワード管理表完成」と入力し、[保存] をクリックします。
4. [閉じる] をクリックしてブックを閉じます。

## Excel 17 作業工程表

【準備】

1. Excelを起動します。
2. [空白のブック] をクリックします。

①

1. データを入力します。
2. 列の幅や行の高さを調整します。E ～ F列の幅は狭く設定します。

②

1. セルE5 ～ F5を選択します。
2. フィルハンドルにマウスを合わせて、AI5までドラッグします。

③

1. セルAJ4 に「11月」と入力します。
2. セルAJ5に「1」、AK5に「2」、AL5に「3」と入力します（フィルコピーによる連続データの入力を使うこともできますが、入力数が少ないため直接入力でもかまいません）。

④

1. E列〜AL列の列番号をドラッグして列を選択します。
2. AL列とAM列の列番号の境界線にマウスを合わせて左方向へドラッグを開始し、［2.50］の位置でドラッグを終了します。

⑤

1. セルB2〜I2を選択します。
2. ［ホーム］タブの［配置］グループの［セルを結合して中央揃え］ボタンをクリックします。
3. セルE4〜AI4、セルAJ4〜AL4を選択します。
4. ［セルを結合して中央揃え］ボタンの▼をクリックして［セルの結合］をクリックします。

⑥

1. セルA1を選択します。
2. ［フォント］グループの［フォントサイズ］ボックスの▼をクリックして［12］をクリックします。
3. ［フォント］グループの［太字］ボタンをクリックします。
4. セルA2〜I2を選択します。
5. ［フォント］グループの［太字］ボタンをクリックします。
6. セルA2、A5〜AL5、A6〜A18、D6〜D18を選択します。
7. ［ホーム］タブの［配置］グループの［中央揃え］ボタンをクリックします。

⑦

1. 完成例で罫線を設定しているセル範囲を選択して、［ホーム］タブの［フォント］グループの［罫線］ボタンの▼をクリックして、設定したい罫線をクリックします（今回の完成例では"太い外枠"と"格子"を使用）。
2. 完成例で塗りつぶしの色を設定しているセル

範囲を選択して、［ホーム］タブの［フォント］グループの［塗りつぶしの色］ボタンの▼をクリックして、設定したい色をクリックします。

⑧

1. セルB12に「10月15日」と入力します。
2. セルC12に「10月16日」と入力します。
3. セルB13に「10月17日」と入力します。
4. セルC13に「10月18日」と入力します。

⑨

1. セルQ12〜T13を選択します。
2. 選択範囲の境界線にマウスを合わせます（マウスポインターが に変わります）。
3. セルS12〜V13へドラッグします。
4. セルQ12〜R13を選択します。
5. ［ホーム］タブの［フォント］グループの［罫線］ボタンの▼をクリックして、［格子］をクリックします。

⑩

1. 17行目の行番号で右クリックして［挿入］をクリックします。
2. 追加した行にデータを入力します。

⑪

1. セルAE17〜AJ17を選択します。
2. ［ホーム］タブの［フォント］グループの［塗りつぶしの色］ボタンの▼をクリックして、任意の色を設定します。
3. セルAD17を選択します。
4. ［フォント］グループの［塗りつぶしの色］ボタンの▼をクリックして、［塗りつぶしなし］をクリックします。

⑫

1. ［ページレイアウト］タブの［ページ設定］グ

ループの [印刷の向き] ボタンをクリックして、[横] をクリックします。

2. [ページレイアウト] タブの [拡大縮小印刷] グループの右下にある ▣ [ページ設定] ボタンをクリックします。

3. [ページ] タブの "拡大縮小印刷" の [次のページ数に合わせて印刷] をオンにします（[横] と [縦] のボックスは [1] に設定）。

4. [OK] をクリックします。

5. [ファイル] タブの [印刷] をクリックします。

6. 印刷プレビューを確認したらEscキーを押します。

## 【終了】

1. [ファイル] タブの [名前を付けて保存] をクリックします（自動保存がオンになっている場合は [コピーを保存]）。

2. [参照] をクリックして、[Word&Excel課題集_2021] フォルダー内の [保存用] フォルダーに変更します。

3. [ファイル名] ボックスに「問題17作業工程表完成」と入力し、[保存] をクリックします。

4. [閉じる] をクリックしてブックを閉じます。

### Excel 18　履歴書

## 【準備】

1. Excelを起動します。

2. [空白のブック] をクリックします。

### ①

1. シート見出し "Sheet1" をダブルクリックして、「左面(A4)」と入力し、Enterキーで決定します。

### ②

1. データを入力します。

### ③

1. セルB2を選択します。

2. [ホーム] タブの [フォント] グループの [フォントサイズ] ボックスの▼をクリックして [20] をクリックします。

3. セルB3、B8、B11、E6、F12を選択します。

4. [フォント] グループの [フォントサイズ] ボックスの▼をクリックして [9] をクリックします。

### ④

1. A列とB列の列番号の境界線にマウスを合わせて左方向へドラッグを開始し、[1.50] の位置でドラッグを終了します（または、列を選択して [ホーム] タブの [セル] グループの [書式] ボタンをクリックし、[列の幅] をクリックして数値を入力する）。

2. 同様の方法で、そのほかの列の幅も調整します。

### ⑤

1. 2行目と3行目の行番号の境界線にマウスを合わせて下方向へドラッグを開始し、[33.00] の位置でドラッグを終了します（または、行を選択して [ホーム] タブの [セル] グループの [書式] ボタンをクリックし、[行の高さ] をクリックして数値を入力する）。

2. 同様の方法で、そのほかの行の高さも調整します。

### ⑥

1. セルC3〜E3を選択します。

2. [ホーム] タブの [配置] グループの [セルを結合して中央揃え] ボタンの▼をクリックして [セルの結合] をクリックします。

3. 同様の方法で、セルC5〜E5、B6〜D7、C8〜F8、G9〜G10、C10〜F10、C11〜F11、G12〜G13、C13〜F13、D15〜G15も結合します。

4. セルD16〜G31を選択します。
5. [ホーム] タブの [配置] グループの [セルを結合して中央揃え] ボタンの▼をクリックして [横方向に結合] をクリックします。

⑦

1. 対象のセルを選択して、[ホーム] タブの [配置] グループの [中央揃え]、[右揃え] のボタンを使用して文字揃えを設定します。
2. セルB3〜B4、B8〜B9、B11〜B12を選択し、[ホーム] タブの [配置] グループの右下にある ⬎ [配置の設定] ボタンをクリックします。
3. [配置] タブの "文字の配置" の [横位置] ボックスの▼をクリックして [均等割り付け（インデント）] をクリックします。
4. [OK] をクリックします。

⑧

1. セルE2を選択します。
2. [ホーム] タブの [配置] グループの [下揃え] ボタンをクリックします。

⑨

1. セルB3〜E5を選択します。
2. [ホーム] タブの [フォント] グループの [罫線] ボタンの▼をクリックして、[外枠] をクリックします。
3. 同様の方法で、セルB6〜D7、E6〜E7、B8〜F10、G8〜G10、B11〜F13、G11〜G13に [外枠] の罫線を設定します。
4. セルB3〜E3、B8〜F8、B11〜F11を選択します。
5. [フォント] グループの [罫線] ボタンの▼をクリックして、[その他の罫線] をクリックします。
6. [罫線] タブの "スタイル" の一覧から、任意の点線をクリックします。

7. "罫線" の ⊞（下側の罫線に該当するボタン）をクリックします。
8. [OK] をクリックします。
9. セルB15〜G31を選択します。
10. [フォント] グループの [罫線] ボタンの▼をクリックして、[格子] をクリックします。
11. セルB15〜B31を選択します。
12. [ホーム] タブの [フォント] グループの [罫線] ボタンの▼をクリックして、[その他の罫線] をクリックします。
13. [罫線] タブの "スタイル" の一覧から、任意の点線をクリックします。
14. "罫線" の ⊞（右側の罫線に該当するボタン）をクリックします。
15. [OK] をクリックします。

⑩

1. [挿入] タブの [図] グループの [図形] ボタンをクリックします。
2. "基本図形" の [テキストボックス] をクリックします。
3. 完成例のテキストボックスの位置を参考に、ドラッグして描画します。
4. 描画したテキストボックスの枠線をクリックしてテキストボックス全体を選択し、[図形の書式] タブの [サイズ] グループの [図形の高さ] ボックスに「3.6cm」と入力します。
5. [図形の幅] ボックスに「2.4cm」と入力します。
6. テキストボックスを選択し、[図形の書式] タブの [図形のスタイル] グループの [図形の枠線] ボタンの▼をクリックし、[実線・点線] にマウスを合わせて、[点線（角）] をクリックします。
7. テキストボックスの枠線をドラッグして、位置を調整します。
8. テキストボックス内の1行目を選択して、[ホーム] タブの [フォント] グループの [フォントサイズ] ボックス内をクリックし、「7」と入力し

てEnterキーを押します。続けて、2行目以降を選択し、同様にフォントサイズを [8] に設定します。

9. テキストボックス内でクリックしてカーソルを表示し、文字を入力します。

10. [ホーム] タブの [配置] グループの [上下中央揃え] ボタンをクリックします。

⑪

1. シート見出し "左面（A4）" の右側の＋ボタンをクリックします。

2. 新しくできたシート見出し内でダブルクリックして「右面（A4）」と入力し、Enterキーで決定します。

⑫

1. A列とB列の列番号の境界線にマウスを合わせて左方向へドラッグを開始し、[1.50] の位置でドラッグを終了します。

2. 同様の方法で、そのほかの列の幅も調整します。

3. データを入力します。

⑬

1. セルB17、E17〜F22、B24を選択します。

2. [ホーム] タブの [フォント] グループの [フォントサイズ] ボックスの▼をクリックして [10] をクリックします。

3. セルB24をダブルクリックします。

4. カッコ書きの部分のみドラッグして選択します。

5. [フォント] グループの [フォントサイズ] ボックスの▼をクリックして [8] をクリックします。

⑭

1. 2行目〜15行目を行単位で選択します。

2. 行番号の境界線にマウスを合わせて下方向へドラッグを開始し、[24.00] の位置でドラッグを終了します。

3. 同様の方法で、そのほかの行の高さも調整します。

⑮

1. セルD2〜F15を選択します。

2. [ホーム] タブの [配置] グループの [セルを結合して中央揃え] ボタンの▼をクリックして [横方向に結合] をクリックします。

3. セルB25〜F29も同様の方法でセルを結合します。

4. セルB18〜D22を選択します。

5. [配置] グループの [セルを結合して中央揃え] ボタンの▼をクリックして [セルの結合] をクリックします。

6. 同様の方法で、セルE18〜F18、E20〜F20も結合します。

⑯

1. [ホーム] タブの [配置] グループの [中央揃え]、[右揃え] のボタンを使用して文字揃えを設定します。

1. セルE20〜F20を選択します。

2. [ホーム] タブの [配置] グループの右下にある 🔲 [配置の設定] ボタンをクリックします。

3. [配置] タブの "文字の配置" の [横位置] ボックスの▼をクリックして [右詰め（インデント）] をクリックします。

4. [インデント] ボックスを [2] に設定します。

5. [OK] をクリックします。

⑰

1. セルB2〜F15に、[格子] の罫線を引きます（⑨の10参考）。

2. セルB2〜B15の右側に、点線の罫線を引きま

す（⑨の12〜15参考）。

3. セルB17〜D22、E17〜F18、E19〜F20、E21
　〜E22、F21〜F22、B24〜F24、B25〜F29に
　[外枠]の罫線を引きます（⑨の2参考）。

4. セルB25〜F29を選択します。

5. [ホーム] タブの [フォント] グループの [罫線]
　ボタンの▼をクリックして、[その他の罫線]
　をクリックします。

6. [罫線] タブの [色] ボックスの▼をクリックし
　て、"テーマの色" の [白、背景1、黒 + 基本色
　35％] をクリックします。

7. "罫線" の ⊞ （内側水平の罫線に該当するボタ
　ン)をクリックします。

8. [OK] をクリックします。

⑱

1. シート見出し "右面（A4）" の右側の + ボタンを
　クリックします。

2. 新しくできたシート見出し内でダブルクリッ
　クして「左右結合(A3)」と入力します。

⑲

1. [ページレイアウト] タブの [ページ設定] グ
　ループの [サイズ] ボタンをクリックします。

2. [A3] をクリックします（A3が一覧にない場合
　は、[ファイル] タブの [印刷] で別のプリンター
　を選んでください。A3が選択できる場合があ
　ります。選択できない場合はA4のままで操作
　を進めてください）。

3. [ページ設定] グループの [印刷の向き] ボタン
　をクリックして [横] をクリックします。

⑳

1. [表示] タブの [表示] グループの [目盛線]
　チェックボックスをオフにします。

㉑

1. シート "左面（A4）" に切り替えて、セルA1〜
　G31を選択します。

2. [ホーム] タブの [クリップボード] グループの
　[コピー] ボタンをクリックします。

3. シート "左右結合(A3)" に切り替えて、セルA1
　を選択します。

4. [ホーム] タブの [クリップボード] グループの
　[貼り付け] ボタンの▼をクリックして、"その
　他の貼り付けオプション" の [リンクされた図]
　をクリックします。

㉒

1. シート "右面（A4）" に切り替えて、セルA1〜
　F29を選択します。

2. [ホーム] タブの [クリップボード] グループの
　[コピー] ボタンをクリックします。

3. シート "左右結合(A3)" に切り替えて、セルK1
　を選択します。

4. [ホーム] タブの [クリップボード] グループの
　[貼り付け] ボタンの▼をクリックして、"その
　他の貼り付けオプション" の [リンクされた図]
　をクリックします。

㉓

1. [ファイル] タブの [印刷] をクリックします。

2. プレビューを確認後、Escキーを押します（プレ
　ビューにはセルの目盛線が表示されています
　が、印刷はされません）。

※内容が1ページに収まらない場合は、プレビュー
　画面の [拡大縮小なし] をクリックして、[シー
　トを1ページに印刷] をクリックしておきます。

㉔

1. シート "左面（A4）" に切り替えて、任意のデー
　タを入力し、書式を整えます。

㉕

1. シート "右面（A4）" に切り替えて、任意のデータを入力し、書式を整えます。

㉖

1. シート "左右結合（A3）" に切り替えて、データが入力されていることを確認します（"リンクされた図"の貼り付け形式の効果です）。

## 【終了】

1. ［ファイル］タブの［名前を付けて保存］をクリックします（自動保存がオンになっている場合は［コピーを保存］）。
2. ［参照］をクリックして、［Word&Excel課題集_2021］フォルダー内の［保存用］フォルダーに変更します。
3. ［ファイル名］ボックスに「問題18履歴書完成」と入力し、［保存］をクリックします。
4. ［閉じる］をクリックしてブックを閉じます。

## Excel 19 施設利用管理表

## 【準備】

1. Excelを起動します。
2. ［開く］をクリックします。
3. ［参照］をクリックして、［Word&Excel課題集_2021］フォルダー内の「施設利用管理表（入力）」をクリックして［開く］をクリックします。

①

1. セルA3を選択します。
2. ［表示］タブの［ウィンドウ］グループの［ウィンドウ枠の固定］ボタンをクリックして、［ウィンドウ枠の固定］をクリックします。
3. 垂直方向にスクロールして2行目までが固定されている（常に表示されている）ことを確認し

ます。

②

1. セルA2〜R45を選択します。
2. ［挿入］タブの［テーブル］をクリックします。
3. ［先頭行をテーブルの見出しとして使用する］チェックボックスをオンにします。
4. ［OK］をクリックします。

③

1. セルA46に「44」と入力します。
2. 自動的に書式が拡張されるので、残りのデータを入力します。"利用施設"を入力するときはAltキー+↓キーを押して一覧から選択します。

④

1. セルD2の▼をクリックして、［大ホール］チェックボックスだけをオンにして（一度［すべて選択］チェックボックスをオフにしてから［大ホール］をオンにすると効率的です）、［OK］をクリックします。
2. ウィンドウ下部のステータスバーに "46レコード中 7個が見つかりました" と表示されていることを確認します。
3. セルD2の ⟨フィルター⟩ をクリックして、［"利用施設"からフィルターをクリア］をクリックします。

⑤

1. セルD2の▼をクリックして、［大会議室］、［中会議室］、［小会議室］のチェックボックスをオンにて［OK］をクリックします。
2. ウィンドウ下部のステータスバーに "46レコード中 20個が見つかりました" と表示されていることを確認します。
3. セルD2の ⟨フィルター⟩ をクリックして、［"利用施設"からフィルターをクリア］をクリックします。

1. セルB2の▼をクリックして、"2024年"の［10月］チェックボックスをオンにて［OK］をクリックします。
2. セルC2の▼をクリックして、［土］、［日］のチェックボックスをオンにします。
3. ウィンドウ下部のステータスバーに"46レコード中2個が見つかりました"と表示されていることを確認します。
4. ［データ］タブの［並べ替えとフィルター］グループの［クリア］ボタンをクリックします。

1. セルI2の▼をクリックして、［数値フィルター］にマウスを合わせて［指定の値以上］をクリックします。
2. 上側のボックスに「80」と入力して［OK］をクリックします。
3. ウィンドウ下部のステータスバーに"46レコード中3個が見つかりました"と表示されていることを確認します。
4. セルI2の 🔽 をクリックして、［"人数計"からフィルターをクリア］をクリックします。

1. セルI2の▼をクリックして、［数値フィルター］にマウスを合わせて［指定の範囲内］をクリックします。
2. 上側のボックスに「20」、下側のボックスに「40」と入力して［OK］をクリックします。
3. ウィンドウ下部のステータスバーに"46レコード中4個が見つかりました"と表示されていることを確認します。
4. セルI2の 🔽 をクリックして、［"人数計"からフィルターをクリア］をクリックします。

1. セルA1をクリックします。
2. ［ホーム］タブの［編集］グループの［検索と選択］ボタンをクリックして、［検索］をクリックします（Ctrlキー +Fキーでも可）。
3. ［検索する文字列］ボックスに「くすのき会」と入力して［次を検索］をクリックします。
4. "くすのき会"のセルが選択されるので、同じ行内の開始時刻のセルのデータを「10：00」に修正します。
※抽出機能を使用する場合は、セルJ2の▼をクリックして、［くすのき会］チェックボックスをオンにします。データ修正後は抽出は解除しておきます。

1. 表内（テーブル内）にカーソルを移動し、［テーブルツール］の［デザイン］タブの［テーブルスタイルのオプション］グループの［集計行］チェックボックスをオンにします。
2. "大人人数"の集計行のセル（セルG49）を選択して▼をクリックし、［合計］をクリックします。
3. "子供人数"の集計行のセル（セルH49）を選択して▼をクリックし、［合計］をクリックします。
4. "人数計"の集計行のセル（セルI49）を選択して▼をクリックし、［合計］をクリックします。

1. セルB2の▼をクリックして"2024年"の［9月］のチェックボックスだけをオンにして［OK］をクリックします。
2. セルR2の▼をクリックして［キャンセル］のチェックボックスをオフにして［OK］をクリックします。
3. 集計行の数値を確認します。

4. ［テーブルツール］の［デザイン］タブの［テーブルスタイルのオプション］グループの［集計行］チェックボックスをオフにします。

5. ［データ］タブの［並べ替えとフィルター］グループの［クリア］ボタンをクリックします。

⑫

1. セルR2の▼をクリックして［キャンセル］のチェックボックスだけをオンにします。

2. 抽出された結果のセルをすべて選択します（A列～R列まで）。

3. ［ホーム］タブの［フォント］グループの右下にある ⤢ ［フォントの設定］ボタンをクリックします。

4. ［フォント］タブの"文字飾り"の［取り消し線］チェックボックスをオンにします。

5. ［OK］をクリックします。

6. ［データ］タブの［並べ替えとフィルター］グループの［クリア］ボタンをクリックします。

⑬

1. セルB2の▼をクリックして、［降順］をクリックします。

⑭

1. セルI2の▼をクリックして、［昇順］をクリックします。

⑮

1. ［データ］タブの［並べ替えとフィルター］グループの［並べ替え］ボタンをクリックします（または［ホーム］タブの［編集］グループの［並べ替えとフィルター］ボタンの［ユーザー設定の並べ替え］）。

2. ［最優先されるキー］ボックスの▼をクリックして［利用施設］をクリックします。

3. ［並べ替えのキー］は［セルの値］（値）のままに

します。

4. ［順序］ボックスの▼をクリックして［降順］をクリックします。

5. ［レベルの追加］をクリックします。

6. ［次に優先されるキー］ボックスの▼をクリックして［開始時刻］をクリックします。

7. ［並べ替えのキー］は［セルの値］（値）のまま、［順序］も［昇順（小さい順）］のままにします。

8. ［OK］をクリックします。

⑯

1. セルA2の▼をクリックして、［昇順］をクリックします。

⑰

1. ［テーブルツール］の［デザイン］タブの［テーブルスタイル］グループの［その他］ボタンをクリックします。

2. "淡色"の［なし］をクリックします。

⑱

1. ［テーブルツール］の［デザイン］タブの［ツール］グループの［範囲に変換］ボタンをクリックします。

2. "テーブルを標準の範囲に変換しますか？"と表示されたら［はい］をクリックします。

【終了】

1. ［ファイル］タブの［名前を付けて保存］をクリックします（自動保存がオンになっている場合は［コピーを保存］）。

2. ［参照］をクリックして、［Word&Excel課題集_2021］フォルダー内の［保存用］フォルダーに変更します。

3. ［ファイル名］ボックスに「問題19施設利用管理表完成」と入力し、［保存］をクリックします。

4. ［閉じる］をクリックしてブックを閉じます。

## 【準備】

1. Excelを起動します。
2. [開く] をクリックします。
3. [参照] をクリックして、[Word&Excel課題集_2021] フォルダー内の「シフト表（入力）」をクリックして [開く] をクリックします。

### ①

1. データを入力します（2行目の日付と3行目の曜日はフィルハンドルを使用して連続データを入力します）。
2. セルA1〜AG1を選択します。
3. [ホーム] タブの [フォント] グループの [フォントサイズ] ボックスの▼をクリックして [14] をクリックします。
4. [フォント] グループの [太字] をクリックします。
5. セルA4〜A13、C2〜AG3を選択します。
6. [フォント] グループの [太字] をクリックします。
7. セルA2〜AG13を選択します。
8. [配置] グループの [中央揃え] をクリックします。
9. [フォント] グループの [罫線] ボタンの▼をクリックして、[格子] をクリックします。
10. 選択を解除せずに、[フォント] グループの [罫線] ボタンの▼をクリックして、[太い外枠] をクリックします。
11. セルA2〜AG3を選択します。
12. [フォント] グループの [罫線] ボタンをクリックします（直前の操作で [太い外枠] を選んでいるため）。
13. セルAG1を選択します。
14. [配置] グループの [右揃え] をクリックします。

15. セルA8〜AG8を選択します。
16. [フォント] グループの [罫線] ボタンの▼をクリックして、[下二重線] をクリックします。
17. セルR13〜AG13を選択します。
18. [フォント] グループの [罫線] ボタンの▼をクリックして、[その他の罫線] をクリックします。
19. [罫線] タブの "罫線" の ◰ （斜め線に該当するボタン）をクリックします。
20. [OK] をクリックします。
21. セルF2〜G13、M2〜N13、T2〜U13、AA2〜AB13を選択します。
22. [ホーム] タブの [フォント] グループの [塗りつぶしの色] ボタンの▼をクリックして、"テーマの色" の [オレンジ、アクセント2、白 + 基本色80％] をクリックします。

### ②

1. セルC17を選択します。
2. [数式] タブの [関数ライブラリ] グループの [その他の関数] ボタンをクリックして、[統計] にマウスを合わせて [COUNTIF] をクリックします。
3. [範囲] ボックスにカーソルがある状態で、セルC4〜C13を選択します。
4. [検索条件] ボックスにカーソルを移動し、「A」と入力します。
5. [OK] をクリックします。
6. セルC17を選択し、フィルハンドルをAG17までドラッグします。
7. 同様の方法で、セルC18、C19、C20、C21、C22、C23にそれぞれ数式を作成し、AG列までコピーします。

### ③

1. セルAI4を選択します。
2. [数式] タブの [関数ライブラリ] グループの [そ

の他の関数] ボタンをクリックして、[統計] に
マウスを合わせて [COUNTIF] をクリックし
ます。

3. [範囲] ボックスにカーソルがある状態で、セル
   C4〜G4を選択します。

4. [検索条件] ボックスにカーソルを移動し、「休」
   と入力します。

5. [OK] をクリックします。

6. セルAI4を選択し、フィルハンドルをAI13まで
   ドラッグします。

④

1. セルC17〜AG22を選択します。

2. [ホーム] タブの [スタイル] グループの [条件
   付き書式] ボタンをクリックして、[新しいルー
   ル] をクリックします。

3. "ルールの種類を選択してください" のなかか
   ら、[指定の値を含むセルだけを書式設定] を
   選択します。

4. "ルールの内容を編集してください" を、左から
   [セルの値] [次の値に等しい] [0] と設定しま
   す。

5. "プレビュー" の右側にある [書式] をクリック
   し、[塗りつぶし] タブの "背景色" の中から
   [ゴールド、アクセント4] をクリックして [OK]
   をクリックします。

6. [OK] をクリックします。

7. 再度 [ホーム] タブの [スタイル] グループの [条
   件付き書式] ボタンをクリックして、[新しい
   ルール] をクリックし、"ルールの種類を選択
   してください" のなかから、[指定の値を含む
   セルだけを書式設定] を選択します。

8. "ルールの内容を編集してください" を、左か
   ら [セルの値] [次の値以上] [2] と設定します。

9. "プレビュー" の右側にある [書式] をクリック
   し、[フォント] タブの [色] ボックスの▼をク
   リックして、"標準の色" の [青] をクリックし、
   [OK] をクリックします。

10. [OK] をクリックします。

⑤

1. セルAI4〜AM13を選択します。

2. [ホーム] タブの [スタイル] グループの [条件
   付き書式] ボタンをクリックして、[新しいルー
   ル] をクリックし、"ルールの種類を選択して
   ください" のなかから、[指定の値を含むセル
   だけを書式設定] を選択します。

3. "ルールの内容を編集してください" を、左から [セ
   ルの値] [次の値より小さい] [2] と設定します。

4. "プレビュー" の右側にある [書式] をクリック
   し、[塗りつぶし] タブの "背景色" の中から
   [ゴールド、アクセント4] をクリックして [OK]
   をクリックします。

5. [OK] をクリックします。

⑥

1. セルC4〜AG13を選択します。

2. [ホーム] タブの [スタイル] グループの [条件
   付き書式] ボタンをクリックして、[新しいルー
   ル] をクリックします。

3. "ルールの種類を選択してください" のなかか
   ら、[指定の値を含むセルだけを書式設定] を
   選択します。

4. "ルールの内容を編集してください" を、左から
   [セルの値] [次の値に等しい] [休] と設定します。

5. "プレビュー" の右側にある [書式] をクリック
   し、[塗りつぶし] タブの "背景色" の中から [白、
   背景1、黒 + 基本色15％] をクリックして [OK]
   をクリックします。

6. [OK] をクリックします。

⑦

1. 完成例を参考にシフトを入力します。

## ⑧

1. セルA1～AG15を選択します。
2. [ページレイアウト] タブの [ページ設定] グループの [印刷範囲] ボタンをクリックして、[印刷範囲の設定] をクリックします。

## ⑨

1. [ページレイアウト] タブの [拡大縮小印刷] グループの右下にある ⬊ [ページ設定] ボタンをクリックします。
2. [ページ] タブの "拡大縮小印刷" の [次のページ数に合わせて印刷] をオンにします（[横] と [縦] のボックスは [1] に設定）。
3. [余白] タブの "ページ中央" の [水平] チェックボックスと [垂直] チェックボックスをオンにして [OK] をクリックします。
4. [ファイル] タブの [印刷] をクリックして、印刷プレビューを確認します。

## 【終了】

1. [ファイル] タブの [名前を付けて保存] をクリックします（自動保存がオンになっている場合は [コピーを保存]）。
2. [参照] をクリックして、[Word&Excel課題集_2021] フォルダー内の [保存用] フォルダーに変更します。
3. [ファイル名] ボックスに「問題20シフト表完成」と入力し、[保存] をクリックします。
4. [閉じる] をクリックしてブックを閉じます。

## Excel 21 おくすりカレンダー

### 【準備】

1. Excelを起動します。
2. [空白のブック] をクリックします。

## ①

1. セルA2～B2、A3～B3、A8～B8を結合してからデータを入力します。
2. セルA1～A2を選択します。
3. [ホーム] タブの [フォント] グループの [フォントサイズ] ボックスの▼をクリックして [14] をクリックします。
4. セルA2～A3を選択します。
5. [フォント] グループの [太字] ボタンをクリックします。
6. セルA3を選択します。
7. [フォント] グループの [フォントサイズ] ボックスの▼をクリックして [12] をクリックします。
8. セルA8～B8を選択します。
9. [フォント] グループの [フォントサイズ] ボックスの▼をクリックして [9] をクリックします。
10. セルA2～B7を選択します。
11. [配置] グループの [中央揃え] ボタンをクリックします。
12. セルA2～B3を選択します。
13. [ホーム] タブの [フォント] グループの [セルの塗りつぶし] ボタンの▼をクリックして、"テーマの色" の [白、背景1、黒 + 基本色5％]
14. A列とB列の列番号の境界線にマウスを合わせて左方向へドラッグを開始し、[4.25] になったところでドラッグを終了します。
15. 同様の方法でB列を8.63に設定します。
16. 完成例を参考に罫線を引きます。セルA2～A8に "格子" を設定します。その後、セルA2、A3～B8に "太い外枠" を設定します。

## ②

1. セルA2～B8を選択します。
2. [ホーム] タブの [クリップボード] グループの [コピー] ボタンをクリックします。
3. セルC2を選択します。

4. [クリップボード] グループの [貼り付け] ボタンをクリックします。

5. 貼り付けたセルの右側に表示された [貼り付けのオプション] をクリックして [元の列の幅を保持] をクリックします。

③

1. 貼り付けの操作を繰り返して7日分作成します。

④

1. セルA3～B3（結合されたセル）を選択します。

2. フィルハンドルを右方向にセルN3までドラッグします。

3. セルK3～L3を選択します。

4. [ホーム] タブの [フォント] グループの [塗りつぶしの色] ボタンの▼をクリックして、"テーマの色"の [青、アクセント1、白 + 基本色40％] をクリックします。

5. セルM3～N3を選択します。

6. [フォント] グループの [塗りつぶしの色] ボタンの▼をクリックして、"テーマの色"の [オレンジ、アクセント2、白 + 基本色40％] をクリックします。

⑤

1. セルG2に「1」と入力します。

2. セルG2～H2（結合されたセル）を選択し、フィルハンドルを右方向にセルN2までドラッグします。

3. 連続データが入力されなかった場合は、[オートフィル] オプションをクリックして [連続データ] をクリックします。

⑥

1. 2行目の行番号から8行目の行番号までドラッグします。

2. [ホーム] タブの [クリップボード] グループの

[コピー] ボタンをクリックします。

3. セルA9を選択します（コピーのときは行単位で選択しましたが、貼り付けるときの選択は貼り付け位置の先頭セルでかまいません）。

4. [クリップボード] グループの [貼り付け] ボタンをクリックします。

⑦

1. セルA9を選択します。

2. 「=」を入力します。

3. セルM2をクリックします（=M2と表示されます）。

4. 「+1」を入力します。

5. Enterキーを押して決定します。

⑧

1. セルC9を選択します。

2. 「=」を入力します。

3. セルA9をクリックします（=A9と表示されます）。

4. 「+1」を入力します。

5. Enterキーを押して決定します。

6. セルC9を選択して、フィルハンドルをセルM9までドラッグします。

⑨

1. 9行目の行番号から15行目の行番号までドラッグします。

2. [ホーム] タブの [クリップボード] グループの [コピー] ボタンをクリックします。

3. セルA16を選択します。

4. [クリップボード] グループの [貼り付け] ボタンをクリックします。

5. 同様の操作を繰り返して第5週まで作成します。

6. セルM30に入力されているデータを削除します（32日）。

⑩

1. [ページレイアウト] タブの [ページ設定] グループの [余白] ボタンをクリックして、[ユーザー設定の余白] をクリックします。
2. [余白] タブの [上] [下] [左] [右] ボックスのそれぞれの数値を [1] に変更します。
3. [ページ] タブの "拡大縮小印刷" の [次のページ数に合わせて印刷] をオンにします ([横] と [縦] のボックスは [1] に設定)。
4. [OK] をクリックします。

## 【終了】

1. [ファイル] タブの [名前を付けて保存] をクリックします (自動保存がオンになっている場合は [コピーを保存])。
2. [参照] をクリックして、[Word&Excel課題集_2021] フォルダー内の [保存用] フォルダーに変更します。
3. [ファイル名] ボックスに「問題21おくすりカレンダー完成」と入力し、[保存] をクリックします。
4. [閉じる] をクリックしてブックを閉じます。

## Excel 22 健康管理グラフ

### 【準備】

1. Excelを起動します。
2. [開く] をクリックします。
3. [参照] をクリックして、[Word&Excel課題集_2021] フォルダー内の「健康管理グラフ (入力)」をクリックして [開く] をクリックします。

①

1. セルA6～A12を選択します。
2. [ホーム] タブの [数値] グループの右下にある
   🔽 [表示形式] ボタンをクリックします。

3. [表示形式] タブの "分類" の一覧から [日付] をクリックし、"種類" の一覧から [3月14日] をクリックします。
4. [OK] をクリックします。

②

1. セルB6～B12を選択します。
2. [ホーム] タブの [数値] グループの右下にある
   🔽 [表示形式] ボタンをクリックします。
3. [表示形式] タブの "分類" の一覧から [ユーザー定義] をクリックし、[種類] ボックスに「0.0"kg"」と入力します (""は半角で入力します)。
4. [OK] をクリックします。

③

1. セルC6を選択します。
2. 「=」を入力します。
3. セルB6をクリックします (=B6と表示されます)。
4. 「/」を入力します(スラッシュは割り算です)。
5. 「(」を入力します。
6. セルK1をクリックして、キーボードのF4キーを押します(絶対参照)。
7. 「*」を入力します (アスタリスクは掛け算です)。
8. 再度、セルK1をクリックして、キーボードのF4キーを押します(絶対参照)。
9. 「)」を入力します。
10. Enterキーを押して決定します。
11. セルC6を選択して、フィルハンドルをセルC12までドラッグします (絶対参照にしたセルは数式をコピーしても参照セルがずれることがありません)。

④

1. セルC6～C12を選択します。

2.［ホーム］タブの［数値］グループの右下にある
　🔽［表示形式］ボタンをクリックします。

3.［表示形式］タブの"分類"の一覧から［数値］
　をクリックし、［小数点以下の桁数］ボックス
　を「2」に設定します（または"分類"の一覧から
　［ユーザー定義］をクリックして、［種類］ボッ
　クスに「0.00」と入力します）。

4.［OK］をクリックします。

⑤

1. セルH6〜J12を選択します。

2.［ホーム］タブの［編集］グループの［検索と選
　択］ボタンをクリックして［置換］をクリックし
　ます。

3.［検索する文字列］ボックスに「ご飯」と入力し
　ます。

4.［置換後の文字列］ボックスに「玄米」と入力し
　ます。

5.［すべて置換］をクリックします。

6. "8件を置換しました"というメッセージの
　［OK］をクリックします。

⑥

1. セルA6〜B12を選択します。

2.［挿入］タブの［グラフ］グループの［折れ線/
　面グラフの挿入］ボタンをクリックして［マー
　カー付き折れ線］をクリックします。

3. グラフエリア（グラフ内の余白エリア）をド
　ラッグして、グラフの左上がセルA14に合う位
　置に移動します。

4. グラフ右下の［サイズ変更ハンドル］をドラッ
　グして、グラフの右下がセルK21に合う位置に
　移動します。ただし、K21の右端ぎりぎりに配
　置すると印刷時に2ページ目ができてしまうこ
　とがあるので、少し内側に配置します。

⑦

1. グラフエリアをクリックして、グラフの右側に
　表示されている ➕［グラフ要素］をクリックし
　ます。

2.［データラベル］チェックボックスをオンにし
　ます。

⑧

1. グラフ内の"数値軸"（体重の値が表示されて
　いる軸）をダブルクリックします。

2.［軸の書式設定］作業ウィンドウの"軸のオプ
　ション"の［軸のオプション］を表示して、"単
　位"の［主］（目盛）ボックスの値を「1」に変更し
　ます。

⑨

1. グラフタイトル内でクリックしてカーソルを
　表示します（1回のクリックで表示されない場
　合は、再度クリックします）。

2.「《体重》」に入力し直します。

3. 一度グラフタイトル以外の箇所をクリックし
　ます。グラフタイトルを選択していない状態
　から、グラフタイトルをドラッグして場所を移
　動します。

⑩

1. グラフ内の折れ線をクリックします（マーカー
　をクリックしないように注意します）。

2.［データ系列の書式設定］作業ウィンドウの"系
　列のオプション"の［塗りつぶしと線］の［色］
　をクリックして、"標準の色"の［赤］をクリッ
　クします（作業ウィンドウが表示されていない
　場合は、折れ線をダブルクリックします）。

3. 折れ線グラフ上のマーカーをクリックします。

4.［データ系列の書式設定］作業ウィンドウの"系
　列のオプション"の［塗りつぶしと線］の［マーカー］
　をクリックして、［枠線］の［色］をクリックして、

"標準の色"の[薄い青]をクリックします。

5.[塗りつぶし]をクリックして展開し、[色]をクリックして、"標準の色"の[薄い青]をクリックします。

⑪

1.グラフエリアをクリックして、グラフの右側に表示されている ⊞[グラフ要素]をクリックします。

2.[目盛線]の右側の▶をクリックします。

3.[第1主縦軸]のチェックボックスをオンにします。

⑫

1.グラフエリアをクリックして、グラフ全体を選択します。

2.[ホーム]タブの[フォント]グループの[フォントサイズ]ボックスの▼をクリックして[10pt]をクリックします。

3.グラフタイトルをクリックして選択します。

4.[ホーム]タブの[フォント]グループの[フォントサイズ]ボックスの▼をクリックして[12pt]をクリックします。

⑬

1.セルA4～A12、D4～G12を選択します。

2.[挿入]タブの[グラフ]グループの[折れ線/面グラフの挿入]ボタンをクリックして[マーカー付き折れ線]をクリックします。

3.グラフエリア(グラフ内の余白エリア)をドラッグして、グラフの左上がセルA23に合う位置に移動します。

4.グラフ右下の[サイズ変更ハンドル]をドラッグして、グラフの右下がセルK33に合う位置に移動します。ただし、K33の右端ぎりぎりに配置すると印刷時に2ページ目ができてしまうことがあるので、少し内側に配置します。

⑭

1.グラフ内の"数値軸"(血圧の値が表示されている軸)をダブルクリックします。

2.[軸の書式設定]作業ウィンドウの"軸のオプション"の[軸のオプション]を表示して、[最小値]ボックスの値を「70」に変更します。

3.[最大値]ボックスの値を「150」に変更します。

⑮

1.[軸の書式設定]作業ウィンドウの"軸のオプション"の[軸のオプション]の"単位"の[主](目盛)ボックスの値を「20」に変更し、[補助](補助目盛)ボックスの値を「10」に変更します(すでにその値になっている場合は操作の必要はありません)。

⑯

1.グラフエリアをクリックして、グラフの右側に表示されている ⊞[グラフ要素]をクリックします。

2.[目盛線]の右側の▶をクリックします。

3.[第1主縦軸]のチェックボックスをオンにします。

4.[第1補助横軸]のチェックボックスをオンにします。

⑰

1.グラフエリアをクリックして、グラフの右側に表示されている ⊞[グラフ要素]をクリックします。

2.[凡例]の右側の▶をクリックします。

3.[右]をクリックします。

⑱

1.グラフタイトル内でクリックしてカーソルを表示します(1回のクリックで表示されない場合は、再度クリックします)。

2.「《血圧》」に入力し直します。

3. 一度グラフタイトル以外の箇所をクリックします。グラフタイトルを選択していない状態から、グラフタイトルをドラッグして場所を移動します。

⑲

1. グラフエリアをクリックして、グラフ全体を選択します。
2. [ホーム] タブの [フォント] グループの [フォントサイズ] ボックスの▼をクリックして [10pt] をクリックします。
3. グラフタイトルをクリックして選択します。
4. [ホーム] タブの [フォント] グループの [フォントサイズ] ボックスの▼をクリックして [12pt] をクリックします。

⑳

1. グラフ以外の箇所をクリックして、グラフを選択していない場外にします。
2. [ページレイアウト] タブの [ページ設定] グループの [余白] ボタンをクリックして、[ユーザー設定の余白] をクリックします。
3. [余白] タブの [上] [下] [左] [右] ボックスのそれぞれの数値を [1] に変更します。
4. "ページ中央"の [水平] チェックボックスと [垂直] チェックボックスをオンにします。
5. [ページ] タブの "拡大縮小印刷"の [次のページ数に合わせて印刷] をオンにします（[横] と [縦] のボックスは [1] に設定）。
6. [OK] をクリックします。

## 【終了】

1. [ファイル] タブの [名前を付けて保存] をクリックします（自動保存がオンになっている場合は [コピーを保存]）。
2. [参照] をクリックして、[Word&Excel課題集_2021] フォルダー内の [保存用] フォルダーに

変更します。
3. [ファイル名] ボックスに「問題22健康管理グラフ完成」と入力し、[保存] をクリックします。
4. [閉じる] をクリックしてブックを閉じます。

## Excel 23 災害時持ち出し用品リスト

## 【準備】

1. Excelを起動します。
2. [空白のブック] をクリックします。

①

1. データを入力します。

②

1. セルA2～A10を選択します。
2. [ホーム] タブの [配置] グループの [セルを結合して中央揃え] ボタンをクリックします。
3. [配置] グループの [方向] ボタンをクリックして [縦書き] をクリックします。
4. セルA12～A23、E2～E7、E9～E10、E12～E23にも同様の操作を行います。

③

1. 列番号と列番号の境界線をドラッグして列の幅を調整します。それぞれの列の幅は完成例を参考にします。正確に一致している必要はありません。

④

1. セルA26～C27を選択します。
2. [ホーム] タブの [配置] グループの [セルを結合して中央揃え] ボタンの▼をクリックして、[横方向に結合] をクリックします。
3. 同様の方法で、セルD26～G27、A31～B34、E31～F34を横方向に結合します。

⑤

1. セルA1～G1を選択します。
2. [ホーム] タブの [フォント] グループの [フォントサイズ] ボックスの▼をクリックして [14] をクリックします。
3. [フォント] グループの [太字] ボタンをクリックします。
4. [配置] グループの [セルを結合して中央揃え] ボタンをクリックします。
5. セルA25、A29を選択します。
6. [フォント] グループの [フォントサイズ] ボックスの▼をクリックして [12] をクリックします。
7. セルA30～B30、E30～F30を選択します。
8. [配置] グループの [セルを結合して中央揃え] ボタンをクリックします。
9. セルC30、G30を選択します。
10. [配置] グループの [中央揃え] ボタンをクリックします。

⑥

1. [ホーム] タブの [フォント] グループの [罫線] ボタンを使って完成例を参考に罫線を設定します。

⑦

1. A列の列番号からG列の列番号までドラッグして選択します。
2. [ホーム] タブの [クリップボード] グループの [コピー] ボタンをクリックします。
3. セルH1を選択します。
4. [クリップボード] グループの [貼り付け] ボタンをクリックします。

⑧

1. セルH2～N23を選択してDeleteキーを押します。
2. セルH1に 「★その他必要と思われる用品を書き出してみましょう」と入力します。

⑨

1. セルH2～H23を選択します。
2. [ホーム] タブの [配置] グループの [セルを結合して中央揃え] ボタンをクリックします（この操作でいったん結合が解除されます）。
3. 再度 [セルを結合して中央揃え] ボタンをクリックします。
4. 同様の方法で、セルL2～L23も再結合します。

⑩

1. セルH2～J23を選択します。
2. [ホーム] タブの [フォント] グループの [罫線] ボタンの▼をクリックして [格子] をクリックします。
3. 同様の方法で、セルL2～N23にも格子の罫線を設定します。

⑪

1. セルH25に「■メモ」と入力します。

⑫

1. セルH26～N34を選択してDeleteキーを押します。
2. [ホーム] タブの [配置] グループの [セルを結合して中央揃え] ボタンをクリックします。
3. 再度 [セルを結合して中央揃え] ボタンをクリックします。そのまま [罫線] ボタンの▼をクリックして [外枠] をクリックします。

⑬

1. [ファイル] タブの [印刷] をクリックします。
2. 印刷プレビューを確認後、Escキーを押します。
3. 一度、印刷プレビューを確認すると、印刷の改ページ位置を表す点線が表示されます。その線を参考にしながら、各列の幅を調整して、G列とH列の間で印刷の改ページが行われるように調整します。

## 【終了】

1. ［ファイル］タブの［名前を付けて保存］をクリックします（自動保存がオンになっている場合は［コピーを保存］）。
2. ［参照］をクリックして、［Word&Excel課題集_2021］フォルダー内の［保存用］フォルダーに変更します。
3. ［ファイル名］ボックスに「問題23災害時非常持ち出し用品リスト完成」と入力し、［保存］をクリックします。
4. ［閉じる］をクリックしてブックを閉じます。

## Excel 24 介護記録日報

## 【準備】

1. Excelを起動します。
2. ［開く］をクリックします。
3. ［参照］をクリックして、［Word&Excel課題集_2021］フォルダー内の「介護記録日報（入力）」をクリックして［開く］をクリックします。

### ①

1. セルC3〜D3を選択します。
2. ［数式］タブの［関数ライブラリ］グループの［日付/時刻］ボタンをクリックして、［TODAY］をクリックします。
3. TODAY関数は引数の設定は不要なため、［OK］をクリックします。
4. ［ホーム］タブの［数値］グループの［数値の書式］の▼をクリックして［長い日付形式］をクリックします。

### ②

1. マウスをリボン上に合わせて右クリックします。
2. ［リボンのユーザー設定］をクリックします（他にも［ファイル］タブから［その他…］の［オプショ

ン］をクリックして［リボンのユーザー設定］をクリックする方法でもかまいません）。
3. 画面右側のボックス内の［開発］チェックボックスをオンにします。
4. ［OK］をクリックします。
5. ［開発］タブの［コントロール］グループの［挿入］ボタンをクリックして、［チェックボックス（フォームコントロール）］をクリックします。
6. ワークシート内の何もない箇所でクリックします（□チェックXXというコントロールが挿入されます）。

### ③

1. 挿入したチェックボックス内の"チェックxx"の文字列をクリックしてカーソルを表示し、BackspaceキーやDeleteキーで文字列を削除します。
2. チェックボックスの周囲に表示されている枠線にマウスを合わせてドラッグし、セルC5内に"□"が収まる位置へ移動します。
3. チェックボックスの右下に表示されているハンドル（○）にマウスを合わせて左方向へドラッグし、枠のサイズを"□"と同じ程度のサイズに調整します。

### ④

1. チェックボックス以外の箇所でクリックします（チェックボックスの選択が解除されます）。
2. チェックボックスにマウスを合わせ、マウスポインターが指の形に変わることを確認し、クリックしてチェックが入ることを確認します。
3. 再度クリックして、チェックが外せることを確認します。

### ⑤

1. Ctrlキーを押しながらチェックボックスをク

リックします（Ctrlキーを押しながらクリックすると、チェックのオン/オフではなくチェックボックスを選択できます）。

2. Ctrl＋Dキーでチェックボックスを複製します。

3. 複製されたチェックボックスをドラッグしてセルE5へ移動します。

4. 同様の方法で、セルG5、C6にもチェックボックスを複製します。

⑥

1. [ページレイアウト] タブの [拡大縮小印刷] グループの右下にある ⊿ [ページ設定] ボタンをクリックします。

2. [ページ] タブの "拡大縮小印刷" の [次のページ数に合わせて印刷] をオンにします（[横] と [縦] のボックスは [1] に設定）。

3. [余白] タブの "ページ中央" の [水平] チェックボックスと [垂直] チェックボックスをオンにします。

4. [OK] をクリックします。

## 【終了】

1. [ファイル] タブの [名前を付けて保存]（自動保存がオンになっている場合は [コピーを保存]）をクリックします。

2. [参照] をクリックして、[Word&Excel課題集_2021] フォルダー内の [保存用] フォルダーに変更します。

3. [ファイル名] ボックスに「問題24介護記録日報完成」と入力し、[保存] をクリックします。

4. [閉じる] をクリックしてブックを閉じます。

## Excel 25 自分史年表とグラフ

### 【準備】

1. Excelを起動します。

2. [空白のブック] をクリックします。

①

1. ワークシートのシート見出し "Sheet1" をダブルクリックします。

2. 「年表」と入力します。

②

1. データを入力します。

2. 列番号と列番号の境界線をドラッグして、完成例を参考に列の幅を調整します。

3. セルA1〜D1を選択します。

4. [ホーム] タブの [配置] グループの [セルを結合して中央揃え] ボタンをクリックします。

5. [ホーム] タブの [フォント] グループの [フォントサイズ] ボックスの▼をクリックして [12] をクリックします。

6. セルA2〜D2を選択します。

7. [ホーム] タブの [フォント] グループの [塗りつぶしの色] ボタンの▼をクリックして、"テーマの色" の [薄い灰色、背景2] をクリックします。

8. [配置] グループの [中央揃え] ボタンをクリックします。

9. 完成例を参考に、[ホーム] タブの [フォント] グループの [罫線] ボタンを使って、罫線を設定します。

③

1. セルA3〜A4を選択します。

2. [ホーム] タブの [数値] グループの右下にある ⊿ [表示形式] ボタンをクリックします。

3. [表示形式] タブの "分類" の一覧から [ユーザー定義] をクリックし、[種類] ボックスに「yyyy"年"」と入力します（""は半角で入力します）。

4. [OK] をクリックします。

④

1. セルA4を選択します。
2. フィルハンドルをセルA80までドラッグします。
3. [オートフィルオプション] をクリックして、[連続データ(年単位)] をクリックします。

⑤

1. セルB3を選択します。
2. 「=」を入力します。
3. セルA3をクリックします（=A3と表示されます）。
4. Enterキーを押して決定します。

⑥

1. セルB3を選択します。
2. [ホーム] タブの [数値] グループの右下にある ⊡ [表示形式] ボタンをクリックします。
3. [表示形式] タブの "分類" の一覧から [ユーザー定義] をクリックし、[種類] ボックスに「ggge"年"」と入力します（""は半角で入力します）。
4. [OK] をクリックします。

⑦

1. セルB3を選択します。
2. フィルハンドルをセルB80までドラッグします。

⑧

1. セルC3〜C4を選択します。
2. フィルハンドルをセルC80までドラッグします。

⑨

1. D列(出来事)にデータを入力します。
2. セルD5〜D80を選択して、[ホーム] タブの

[フォント] グループの [罫線] ボタンを使って、罫線を設定します。

⑩

1. セルA2〜D80の中の任意のセルを1つ選択します(複数セルは選択しない)。
2. [データ] タブの [並べ替えとフィルター] グループの [フィルター] ボタンをクリックします。
3. セルD2の▼をクリックし、[(空白セル)] のチェックボックスをオフにして [OK] をクリックします。

⑪

1. シート見出し "年表" の右側の + ボタンをクリックします。
2. 新しくできたシート見出し内でダブルクリックして「チャート」と入力します。

⑫

1. データを入力します。
2. 列番号と列番号の境界線をドラッグして、完成例を参考に列の幅を調整します。
3. セルA1〜C1を選択します。
4. [ホーム] タブの [配置] グループの [セルを結合して中央揃え] ボタンをクリックします。
5. [ホーム] タブの [フォント] グループの [フォントサイズ] ボックスの▼をクリックして [12] をクリックします。
6. セルA2〜C2を選択します。
7. [配置] グループの [セルを結合して中央揃え] ボタンをクリックします。
8. セルA3〜C3を選択します。
9. [ホーム] タブの [フォント] グループの [塗りつぶしの色] ボタンの▼をクリックして、"テーマの色" の [薄い灰色、背景2] をクリックします。
10. [配置] グループの [中央揃え] ボタンをクリッ

クします。

11. 完成例を参考に、[ホーム] タブの [フォント] グループの [罫線] ボタンを使って、罫線を設定します。

⑬

1. セルA3〜C16を選択します。
2. [挿入] タブの [グラフ] グループの [折れ線/面グラフの挿入] ボタンをクリックして [折れ線] をクリックします。
3. グラフエリアをドラッグして位置を移動しましょう。
4. グラフエリアの周囲に表示されているサイズ変更ハンドルをドラッグしてサイズを調整しましょう。

⑭

1. グラフエリアをクリックしてグラフを選択します。
2. [グラフのデザイン] タブの [グラフのレイアウト] グループの [クイックレイアウト] ボタンをクリックして、[レイアウト5] をクリックします。

⑮

1. ラベル "軸ラベル" をクリックして選択します。
2. Deleteキーを押します。

⑯

1. グラフタイトル内でクリックしてカーソルを表示します（1回のクリックで表示されない場合は、再度クリックします）。
2. 「ライフチャート　〜人生の場面をグラフ化〜」に入力し直します。
3. "ライフチャート" の文字を選択します。
4. [ホーム] タブの [フォント] グループの [フォントサイズ] ボックスの▼をクリックして [14] をクリックします。

5. "〜人生の場面をグラフ化〜" の文字を選択します。
6. [ホーム] タブの [フォント] グループの [フォントサイズ] ボックスの▼をクリックして [11] をクリックします。

## 【終了】

1. [ファイル] タブの [名前を付けて保存] をクリックします（自動保存がオンになっている場合は [コピーを保存]）。
2. [参照] をクリックして、[Word&Excel課題集_2021] フォルダー内の [保存用] フォルダーに変更します。
3. [ファイル名] ボックスに「問題25自分史年表グラフ完成」と入力し、[保存] をクリックします。
4. [閉じる] をクリックしてブックを閉じます。

## Excel 26　医療費控除記録シート

### 【準備】

1. Excelを起動します。
2. [開く]をクリックします。
3. [参照] をクリックして、[Word&Excel課題集_2021] フォルダー内の「医療費控除記録シート（入力）」をクリックして [開く] をクリックします。

①

1. セルB5〜B27を選択します。
2. [データ] タブの [データツール] グループの [データの入力規則] ボタンをクリックします。
3. [設定] タブの [入力値の種類] ボックスの▼をクリックして、[リスト] をクリックします。
4. [元の値] ボックスにカーソルを表示し、セルJ5〜J8をドラッグします。

5.［OK］をクリックします。


②

1. セルC5～C27を選択します。
2. ［データ］タブの［データツール］グループの
   ［データの入力規則］ボタンをクリックします。
3. ［設定］タブの［入力値の種類］ボックスの▼を
   クリックして、［リスト］をクリックします。
4. ［元の値］ボックスにカーソルを表示し、セル
   K5～K14をドラッグします。
5. ［エラーメッセージ］タブの［無効なデータが
   入力されたらエラーメッセージを表示する］
   チェックボックスをオフにします。
6. ［OK］をクリックします。


③

1. セルD5～D27を選択します。
2. ［データ］タブの［データツール］グループの
   ［データの入力規則］ボタンをクリックします。
3. ［設定］タブの［入力値の種類］ボックスの▼を
   クリックして、［リスト］をクリックします。
4. ［元の値］ボックスにカーソルを表示し、セル
   L5～L8をドラッグします。
5. ［OK］をクリックします。


④

1. セルA21を選択します。
2. フィルハンドルをセルA25までドラッグしま
   す。
3. ［オートフィルオプション］をクリックして、
   ［連続データ］をクリックします。


⑤

1. セルB22を選択し▼をクリックして「加藤実
   里」を選びます。
2. 同様の方法で、C22、D22も入力します。
3. E22にデータを入力します。（1359）

4. G22にデータを入力します。（2024/5/16）
5. 同様の方法で、セルにデータを入力します。
6. 罫線を設定します。


⑥

1. セルA4～G25を選択します。
2. ［挿入］タブの［テーブル］グループの［ピボッ
   トテーブル］をクリックします。
3. ［OK］をクリックします。


⑦

1. 挿入された新しいワークシートのシート見出
   しをダブルクリックします。
2. 「集計」と入力します。


⑧

1. ［ピボットテーブルのフィールド］作業ウィン
   ドウの"レポートに追加するフィールドを選択
   してください"の［[1]医療を受けた方の氏名］
   を、"次のボックス間でフィールドをドラッグ
   してください"の［行］ボックス内にドラッグし
   ます。
2. 同様に、［[2]病院・薬局などの支払先の名称］
   フィールドも［行］ボックス内にドラッグしま
   す（先ほど［行］ボックスにレイアウトした［[1]
   医療を受けた方の氏名］の下にドラッグしてく
   ださい）。
3. ［[3]医療費の区分］フィールドを［列］ボックス
   内にドラッグします。
4. ［[4]支払った医療費の額］フィールドを［値］
   ボックス内にドラッグします。


⑨

1. ［デザイン］タブの［レイアウト］グループの［小
   計］ボタンをクリックして、［小計を表示しな
   い］をクリックします。

⑩

1. ［ピボットテーブルツール］の ［デザイン］タブ
   の［ピボットテーブル スタイル］グループの［そ
   の他］をクリックして、［白、ピボット スタイ
   ル（淡色）8］をクリックします。

⑪

1. ［ピボットテーブルツール］の ［デザイン］タブ
   の ［ピボットテーブル スタイルのオプション］
   グループの［縞模様（行）］チェックボックスと
   ［縞模様（列）］チェックボックスをオンにしま
   す。

⑫

1. ピボットテーブル内のセルA3（合計/[4]支払っ
   た医療費の額)を選択します。
2. ［ピボットテーブル分析］タブの ［アクティブな
   フィールド］グループの［フィールドの設定］ボ
   タンをクリックします。
3. ［表示形式］をクリックします。
4. "分類"の一覧から［通貨］をクリックして、［記
   号］ボックスに "￥" が表示されていることを確
   認して［OK］をクリックします。
5. ［OK］をクリックします。

⑬

1. シート見出し "入力シート" をクリックして、
   シートを切り替えます。
2. セルE7およびE25に「1200」と入力します。
3. シート見出し "集計" をクリックして、シート
   を切り替えます。
4. ［ピボットテーブル分析］タブの ［データ］グ
   ループの［更新］ボタンをクリックします（その
   他の医療費の値が変化したことが確認できま
   す）。

⑭

1. シート見出し "入力シート" をクリックして、
   シートを切り替えます。
2. 問題の指示に従ってデータを追加入力します。

⑮

1. シート見出し "集計" をクリックして、シート
   を切り替えます。
2. ［ピボットテーブル分析］タブの ［データ］グ
   ループの ［データソースの変更］ボタンをク
   リックします。
3. セルA4〜G27を選択します。
4. ［OK］をクリックします。

⑯

1. ［値］ボックスの［合計/[4]支払った医療費の額］
   を作業ウィンドウの外へドラッグします。
2. ［ピボットテーブルのフィールド］作業ウィン
   ドウの ［[5] [4]のうち生命保険や社会保険など
   で補てんされる金額］ を、［値］ボックス内にド
   ラッグします。
3. ピボットテーブルの変化を確認します。
4. ［値］ボックスの ［合計/[5] [4]のうち生命保険
   や社会保険などで補てんされる金額］を作業
   ウィンドウの外へドラッグします。
5. ［ピボットテーブルのフィールド］作業ウィン
   ドウの ［[4]支払った医療費の額］を、［値］ボッ
   クス内にドラッグします。

⑰

1. シート見出し "集計" を右方向へドラッグして、
   "入力シート" の右側へ移動します。

【終了】

1. ［ファイル］タブの ［名前を付けて保存］をク
   リックします（自動保存がオンになっている場
   合は ［コピーを保存］）。

2. [参照] をクリックして、[Word&Excel課題集
_2021] フォルダー内の [保存用] フォルダーに
変更します。
3. [ファイル名] ボックスに「問題26医療費控除
記録シート完成」と入力し、[保存] をクリック
します。
4. [閉じる] をクリックしてブックを閉じます。

## Excel 27 軽減税率対応請求書

### 【準備】

1. Excelを起動します。
2. [空白のブック] をクリックします。

### ①

1. データを入力します。
2. 列番号と列番号の境界線をドラッグして、完成
例を参考に列の幅を調整します。
3. 行番号と行番号の境界線をドラッグして、完成
例を参考に行の高さを調整します。
4. [ホーム] タブの [配置] タブの [セルを結合し
て中央揃え] ボタンを使用して、完成例を参考
にセルを結合します。

### ②

1. セルA1～A2を選択します。
2. [ホーム] タブの [フォント] グループの [フォ
ントサイズ] ボックスの▼をクリックして [20]
をクリックします。
3. [フォント] グループの [太字] ボタンをクリッ
クします。
4. セルF1～G1を選択します。
5. [数値] グループの [数値の書式] ボックスの▼
をクリックして、[長い日付形式] をクリック
します。
6. [配置] グループの右下にある ⬕ [配置の設定]

ボタンをクリックします。
7. [配置] タブの [横位置] ボックスの▼をクリッ
クして [均等割り付け (インデント)] をクリッ
クします。
8. [OK] をクリックします。
9. セルF2を選択します。
10. [ホーム] タブの [配置] グループの [右揃え]
をクリックします。
11. セルA3～B4を選択します。
12. [フォント] グループの [フォントサイズ] ボッ
クスの▼をクリックして [16] をクリックしま
す。
13. [配置] グループの [下揃え] ボタンをクリッ
クします。
14. セルA1～G2、A7～A8、A10～G10、E23～
G23を選択します。
15. [ホーム] タブの [フォント] グループの [塗り
つぶしの色] ボタンの▼をクリックして "テーマ
の色" の [薄い灰色、背景2] をクリックします。
16. セルB7を選択します。
17. [ホーム] タブの [フォント] グループの [フォ
ントサイズ] ボックスの▼をクリックして [16]
をクリックします。
18. [フォント] グループの [太字] ボタンをクリッ
クします。
19. [数値] グループの [通貨表示形式] ボタンを
クリックします。
20. セルB8を選択します。
21. [ホーム] タブの [フォント] グループの [フォ
ントサイズ] ボックスの▼をクリックして [12]
をクリックします。
22. [数値] グループの [通貨表示形式] ボタンを
クリックします。
23. セルE5～G7を選択します。
24. [配置] グループの右下にある ⬕ [配置の設
定] をクリックします。
25. [配置] タブの [横位置] ボックスの▼をクリッ
クして [左詰め (インデント)] をクリックしま

26. [インデント] ボックスを [2] に設定します。

27. [OK] をクリックします。

28. セルA10〜G10、A11〜A22、C11〜C22、E23〜G23を選択して[ホーム]タブの[配置]グループの [中央揃え] ボタンをクリックします。

29. セルE8を選択して [ホーム] タブの [配置] グループの [右揃え] ボタンをクリックします。

30. セルA11〜A22を選択します。

31. [ホーム] タブの [数値] グループの右下にある 🔲 [表示形式] ボタンをクリックします。

32. [表示形式] タブの "分類" の一覧から [日付] をクリックし、"種類" の一覧から [3月14日] をクリックします。

33. [OK] をクリックします。

34. セルD11〜F22、F24〜G25を選択します。

35. [ホーム] タブの [数値] グループの [桁区切りスタイル] ボタンをクリックします。

36. セルG11〜G22 を選択します。

37. [数値] グループの [パーセントスタイル] ボタンをクリックします。


③

1. 完成例を参考に、[ホーム] タブの [フォント] グループの [罫線] ボタンを使用して罫線を設定します。


④

1. セルF11を選択します。

2. [数式]タブの[関数ライブラリ]グループの[論理] ボタンをクリックして、[IF] をクリックします。

3. [論理式] ボックスに「E11=""」と入力します（セル番地はクリックして入力することもできます）。

4. [値が真の場合] ボックスに「""」と入力します。

5. [値が偽の場合] ボックスに「D11＊E11」と入力します（セル番地はクリックして入力すること

もできます）。

6. [OK] をクリックします。

7. セルF11のフィルハンドルをF22までドラッグします。


⑤

1. セルG11を選択します。

2. [数式]タブの[関数ライブラリ]グループの[論理] ボタンをクリックして [IF] をクリックします。

3. [論理式] ボックスに「B11=""」と入力します。

4. [値が真の場合] ボックスに「""」と入力します。

5. [値が偽の場合] ボックスにカーソルを移動したら、[名前ボックス]（現在はIFと表示されています)の▼をクリックして [IF] をクリックします。

6. 2つ目のIF関数の引数が表示されるので [論理式] ボックスに「C11="※"」と入力します。

7. [値が真の場合] ボックスに「8％」と入力します。

8. [値が偽の場合] ボックスに「10％」と入力します。

9. [OK] をクリックします。

10. セルG11のフィルハンドルをG22までドラッグします。


⑥

1. セルF24を選択します。

2. [数式]タブの[関数ライブラリ]グループの[数学/三角] ボタンをクリックして、[SUMIF] をクリックします。

3. [範囲]ボックスに「G11:G22」と入力します(セル範囲はドラッグして入力することもできます)。

4. [検索条件] ボックスに「E24」と入力します。

5. [合計範囲] ボックスに「F11:F22」と入力します。

6. [OK] をクリックします。

⑦

1. セルF25を選択します。

2. ⑥の操作と同様の手順でSUMIF関数を作成します。

⑧

＜INT関数を使用する場合＞

1. セルG24を選択します。

2. ［数式］タブの［関数ライブラリ］グループの［数学/三角］ボタンをクリックして、［INT］をクリックします。

3. ［数値］ボックスに「E24＊F24」と入力します。

4. ［OK］をクリックします。

5. セルG24のフィルハンドルをG25までドラッグします。

＜COUNTDOWN関数を使用する場合＞

1. セルG24を選択します。

2. ［数式］タブの［関数ライブラリ］グループの［数学/三角］ボタンをクリックして、［ROUNDDOWN］をクリックします。

3. ［数値］ボックスに「E24＊F24」と入力します。

4. ［桁数］ボックスに「0」と入力します。

5. ［OK］をクリックします。

6. セルG24のフィルハンドルをG25までドラッグします。

⑨

1. セルB7を選択します。

2. ［ホーム］タブの［編集］グループの［合計］（オートSUM）ボタンをクリックします。

3. セルF24〜G25をドラッグします。

4. Enterキーを押して決定します。

⑩

1. セルB8を選択します。

2. ⑨と同様の手順でセルG24〜G25のSUM関数を作成します。

⑪

1. ［ファイル］タブの［印刷］をクリックします。

2. ［拡大縮小なし］をクリックして、［シートを1ページに印刷］をクリックします。

## 【終了】

1. ［ファイル］タブの［名前を付けて保存］をクリックします（自動保存がオンになっている場合は［コピーを保存］）。

2. ［参照］をクリックして、［Word&Excel課題集_2021］フォルダー内の［保存用］フォルダーに変更します。

3. ［ファイル名］ボックスに「問題27軽減税率対応請求書完成」と入力し、［保存］をクリックします。

4. ［閉じる］をクリックしてブックを閉じます。

# Word&Excel解答

解答では、操作手順を1ステップずつ解説します。問題を解くうえでさまざまな操作法がある場合は、状況に合わせて効率的な方法を紹介しています。したがって、問題によっては異なった操作を紹介している場合があります。また、解答どおりでなくても問題の要求を満たしていれば正解です。

## W&E 28 同窓会往復はがき

### 【準備】

1. [スタート] ボタンをクリックします。
2. [すべてのアプリ] をクリックして [Word] をクリックします。
3. [スタート] ボタンをクリックします。
4. [すべてのアプリ] をクリックして [Excel] をクリックします。

### ①

1. Excelの画面で [空白のブック] をクリックします。

### ②

1. シート見出し "Sheet1" をダブルクリックして「同窓会名簿」と入力します。

### ③

1. データを入力します（住所1、住所2の箇所は、文字と数字の間に半角空白を忘れないように気を付けます）。
2. 完成例を参考に、[ホーム] タブの [フォント] グループの [罫線] ボタンを使ってセルに罫線を引きます。
3. A1～E1を選択して [ホーム] タブの [配置] グループの [中央揃え] ボタンをクリックします。
4. [フォント] グループの [太字] ボタンをクリックします。

### ④

1. [ファイル] タブの [名前を付けて保存]（自動保存がオンになっている場合は [コピーを保存]）をクリックします。
2. [参照] をクリックして、[Word&Excel課題集_2021] フォルダー内の [保存用] フォルダーに変更します。
3. [ファイル名] ボックスに「問題28同窓会名簿」と入力します。
4. [保存] をクリックします。
5. [ファイル] タブの [閉じる] をクリックして、ブックを閉じます。

### ⑤

1. 画面下部のタスクバーのWordのアイコンをクリックして、Wordの画面を前面に表示します。
2. [白紙の文書] をクリックします。
3. [差し込み文書] タブの [作成] グループの [はがき印刷] ボタンをクリックして、[宛名面を印刷]（宛名面の作成）をクリックします。
4. はがき宛名面印刷ウィザードが表示されたら [次へ] をクリックします。
5. "はがきの種類を選択してください" の [往復はがき] をクリックします。[背景にはがきを表示する] チェックボックスはオンにします。
6. [次へ] をクリックします。
7. "はがきの様式を指定してください" の [縦書き] をクリックします。[差出人の郵便番号を住所の上に印刷する] チェックボックスはオフにします。
8. [次へ] をクリックします。

9. "宛名/差出人のフォントを指定してください"の［フォント］ボックスの▼をクリックして［HG正楷書体-PRO］をクリックします。［宛名住所内の数字を漢数字に変換する］チェックボックスをオンにします（差出人については今回宛名面に印刷しませんのでチェックボックスはオンでもオフでもかまいません）

10. ［次へ］をクリックします。

11. "差出人情報を入力してください"の［差出人を印刷する］チェックボックスをオフにします。

12. ［次へ］をクリックします。

13. "宛名に差し込む住所録を指定してください"の［既存の住所録ファイル］をクリックし、［参照］をクリックします。

14. ［住所録ファイルを開く］ダイアログボックスの左側から［ドキュメント］をクリックし（別の場所に保存している場合はそのフォルダーをクリック）、［Word&Excel課題集_2021］フォルダー［保存用］フォルダーの中のExcelファイル［問題28同窓会名簿］をクリックして［開く］をクリックします。

15. "宛名の敬称を指定してください"の［宛名の敬称］ボックスの▼をクリックして［様］をクリックします（すでに"様"になっている場合は操作は不要です）。

16. ［次へ］をクリックします。

17. ［完了］をクリックします。

18. ［テーブルの選択］ダイアログボックスが表示されたら、［同窓会名簿$］が選択されていることを確認し、［先頭行をタイトル行として使用する］チェックボックスをオンにして［OK］をクリックします。

⑥

1. 表示された往復はがき宛名面の"住所"の文字列（神奈川県～ガーデンパレス厚木二〇一号）を選択して、［ホーム］タブの［フォント］グルー

プの［フォントサイズの縮小］ボタンを1回クリックします（［フォントサイズ］ボックスから選んでもかまいません）。

⑦

1. ［はがき宛名面印刷］タブの［データ］グループの［次のレコード］ボタンをクリックします。

2. ［次のレコード］ボタンを何度もクリックして、最後のレコードまで確認します。

3. ［先頭のレコード］ボタンをクリックします。

⑧

1. 往復はがき右面のテキストボックス内をクリックしてカーソルを表示します。

2. ［レイアウト］タブの［ページ設定］グループの［文字列の方向］ボタンをクリックして［横書き］をクリックします。

3. 問題文の図を参考に文字を入力します。

4. 1～2行目を選択します。

5. ［ホーム］タブの［フォント］グループの［フォントサイズ］ボックスの▼をクリックして［12］をクリックします。

6. ［段落］グループの［中央揃え］ボタンをクリックします。

7. 4行目を選択します。

8. ［フォント］グループの［フォントサイズ］ボックスの▼をクリックして［14］をクリックします。

9. ［段落］グループの［中央揃え］ボタンをクリックします。

10. 6行目を選択します。

11. ［フォント］グループの［フォントサイズ］ボックスの▼をクリックして［9］をクリックします。

12. ［段落］グループの［中央揃え］ボタンをクリックします。

13. 10行目を選択します。

14. [レイアウト] タブの [段落] グループの [前の間隔] ボックスを [0.5行] に設定します。

15. [ホーム] タブの [配置] グループの [右揃え] ボタンをクリックします。

16. [段落] グループの [罫線] ボタンの▼をクリックして、[下罫線] をクリックします。

17. 13行目を選択します。

18. [レイアウト] タブの [段落] グループの [前の間隔] ボックスを0.5行に設定します。

19. [ホーム] タブの [段落] グループの [罫線] ボタンの▼をクリックして、[下罫線] をクリックします。

20. 16行目を選択します。

21. [レイアウト] タブの [段落] グループの [前の間隔] ボックスを0.5行に設定します。

22. [ホーム] タブの [段落] グループの [罫線] ボタンの▼をクリックして、[下罫線] をクリックします。

23. 19行目〜21行目を選択します。

24. [レイアウト] タブの [段落] グループの [前の間隔] ボックスを0.5行に設定します。

25. [ホーム] タブの [段落] グループの [罫線] ボタンの▼をクリックして、[横罫線（内側）] をクリックします。

⑨

1. [ファイル] タブの [名前を付けて保存]（自動保存がオンになっている場合は [コピーを保存]）をクリックします。

2. [参照] をクリックして、[Word&Excel課題集_2021] フォルダー内の [保存用] フォルダーに変更します。

3. [ファイル名] ボックスに「問題28同窓会往復はがき(往信面)完成」と入力します。

4. [保存] をクリックします。

5. 印刷を行う場合は、[ファイル] タブの [印刷] をクリックして、[印刷] をクリックします（プリンターに往復はがきサイズの用紙がセッ

トされていないと印刷されない場合もあります）。

⑩

1. [差し込み文書] タブの [作成] グループの [はがき印刷] ボタンをクリックして、[宛名面を印刷] をクリックします。

2. はがき宛名面印刷ウィザードが表示されたら [次へ] をクリックします。

3. "はがきの種類を選択してください" の [往復はがき] をクリックします。[背景にはがきを表示する] チェックボックスがオンになっていることを確認します。

4. [次へ] をクリックします。

5. "はがきの様式を指定してください" の [縦書き] をクリックします。[差出人の郵便番号を住所の上に印刷する] チェックボックスがオフになっていることを確認します。

6. [次へ] をクリックします。

7. "宛名/差出人のフォントを指定してください" の [フォント] ボックスが [HG正楷書体-PRO] になっていることを確認します。また、[宛名住所内の数字を漢数字に変換する] チェックボックスがオンになっていることを確認します。

8. [次へ] をクリックします。

9. "差出人情報を入力してください" の [差出人を印刷する] チェックボックスがオフになっていることを確認します。

10. [次へ] をクリックします。

11. "宛名に差し込む住所録を指定してください" の [使用しない] をクリックします。

12. "宛名の敬称を指定してください" の [宛名の敬称] ボックスの▼をクリックして [行] または [宛] をクリックします。

13. [次へ] をクリックします。

14. [完了] をクリックします。

⑪

1. [はがき宛名面印刷] タブの [編集] グループの [宛名住所の入力] ボタンをクリックします。
2. 宛名の [氏名]、[郵便番号]、[住所1] を入力します（Enterキーを押しすぎると、そこで決定され画面が閉じてしまうので注意します。その場合は再度 [宛名住所の入力] ボタンをクリックするか、はがき内に直接入力します）。

⑫

1. 敬称 "行" または "宛" の文字を選択します。
2. [ホーム] タブの [フォント] グループの [フォントサイズ] ボックスの▼をクリックして [22] をクリックします。

⑬

1. 往復はがき右面のテキストボックス内をクリックしてカーソルを表示します。
2. [レイアウト] タブの [ページ設定] グループの [文字列の方向] ボタンをクリックして [横書き] をクリックします。
3. 問題文の図を参考に文字を入力します。
4. 1〜2行目を選択します。
5. [ホーム] タブの [フォント] グループの [フォントサイズ] ボックスの▼をクリックして [12] をクリックします。
6. [段落] グループの [中央揃え] ボタンをクリックします。
7. 13行目、16行目、20行目を選択します（離れた範囲の選択は、2か所目以降をCtrlキーを押しながら選択します）。
8. [レイアウト] タブの [段落] グループの [左インデント] ボックスを [2字] に設定します。
9. 14行目、17行目〜18行目を選択します。
10. [レイアウト] タブの [段落] グループの [左インデント] ボックスを [5字] に設定します。
11. 24行目〜25行目を選択します。

12. [ホーム] タブの [段落] グループの [右揃え] ボタンをクリックします。

⑭

1. [ファイル] タブの [名前を付けて保存] をクリックします（自動保存がオンになっている場合は [コピーを保存]）。
2. [参照] をクリックして、[Word&Excel課題集_2021] フォルダー内の [保存用] フォルダーに変更します。
3. [ファイル名] ボックスに「問題28同窓会往復はがき（返信面）完成」と入力し、[保存] をクリックします。
4. 印刷を行う場合は、用紙をセットする向きに注意してください。

【終了】

1. [閉じる] をクリックしてWordの文書をすべて閉じます。
2. [閉じる] をクリックしてExcelを閉じます。

**W&E 29** 自主防災訓練のご案内

【準備】

1. Wordを起動します。
2. Excelを起動します。

①

1. 画面下部のタスクバーのWordのアイコンをクリックして、Wordの画面を前面に表示します。
2. [白紙の文書] をクリックします。

②

1. 文章を入力します。
2. 1行目、5〜6行目を選択します。
3. [ホーム] タブの [段落] グループの [右揃え] ボ

タンをクリックします。

4. 5行目を選択します。

5. [レイアウト] タブの [段落] グループの [右インデント] ボックスを [3字] に設定します。

6. 8行目を選択します。

7. [ホーム] タブの [フォント] グループの [フォントサイズ] ボックスの▼をクリックして [16] をクリックします。

8. [段落] グループの [中央揃え] ボタンをクリックします。

9. 10行目〜13行目を選択します。

10. [ホーム] タブの [段落] グループの右下にある ⤡ [段落の設定] をクリックします。

11. [インデントと行間隔] タブの [最初の行] ボックスの▼をクリックして [字下げ] をクリックし、[幅] ボックスを [1字] に設定します。

12. [OK] をクリックします。

13. 18行目〜22行目を選択します。

14. [レイアウト] タブの [段落] グループの [左インデント] ボックスを3字に設定します。

15. [ホーム] タブの [段落] グループの [段落番号] ボタンの▼をクリックして [1. 2. 3.] のスタイルをクリックします。

③

1. [ファイル] タブの [名前を付けて保存]（自動保存がオンになっている場合は [コピーを保存]）をクリックします。

2. [参照] をクリックして、[Word&Excel課題集_2021] フォルダー内の [保存用] フォルダーに変更します。

3. [ファイル名] ボックスに「問題29防災訓練担当のご連絡完成」と入力します。

4. [保存] をクリックします。

5. 文書は閉じずに次の操作に進みます。

④

1. [差し込み文書] タブの [差し込み印刷の開始] グループの [差し込み印刷の開始] ボタンをクリックして、[レター] をクリックします（この操作は行わなくても2.の操作を行うことで自動的に "レター" に変化します）。

2. [差し込み文書] タブの [差し込み印刷の開始] グループの [宛先の選択] ボタンをクリックして、[既存のリストを使用] をクリックします。

3. [データファイルの選択] ダイアログボックスの左側から [ドキュメント] をクリックし（別の場所に保存している場合はそのフォルダーをクリック）、[Word&Excel課題集_2021] フォルダー内の[問題29自主防災訓練のご案内使用データ] フォルダーの中のExcelファイル [防災訓練担当一覧] をクリックして [開く] をクリックします。

4. [テーブルの選択] ダイアログボックスが表示されたら、[Sheet1$] が選択されていることを確認し、[先頭行をタイトル行として使用する] チェックボックスをオンにして [OK] をクリックします。

5. 3行目の "第" と "班" の間にカーソルを移動します。

6. [差し込み文書] タブの [文章入力とフィールドの挿入] グループの [差し込みフィールドの挿入] ボタンの▼をクリックして、[班番号] をクリックします。

7. 同様の方法で、問題文で指示されている箇所に差し込みフィールドを挿入します。

⑤

1. [差し込み文書] タブの [結果のプレビュー] グループの [結果のプレビュー] ボタンをクリックします。

2. [次のレコード] ボタンを何回か押して最後のレコードまで確認します。

⑥

1. ［ファイル］タブの［上書き保存］をクリックします。
2. ［ファイル］タブの［閉じる］をクリックします。

⑦

1. 画面下部のタスクバーのExcelのアイコンをクリックして、Excelの画面を前面に表示します。
2. ［開く］をクリックして［Word&Excel課題集_2021］フォルダー内の［自主防災訓練のご案内使用データ］フォルダーの「防災訓練担当一覧」を開きます。
3. 問題文を参考に、セルA7～E8にデータを2件追加します（罫線などの書式は適宜設定します）。
4. ［ファイル］タブの［上書き保存］をクリックします。
5. ［閉じる］をクリックしてExcelを閉じます。

⑧

1. 画面下部のタスクバーのWordのアイコンをクリックして、Wordの画面を前面に表示します。
2. ［開く］をクリックして、［Word&Excel課題集_2021］フォルダー内の［保存用］フォルダーの「問題29防災訓練担当のご連絡完成」を開きます。
3. ［この文書を開くと、次のSQLコマンドが実行されます。］というメッセージが表示されるので［はい］をクリックします。

⑨

1. ［差し込み文書］タブの［結果のプレビュー］グループの［結果のプレビュー］ボタンをクリックします（すでに結果のプレビューがオンになっている場合は操作の必要はありません）。
2. ［次のレコード］ボタンを何回か押して、6件目と7件目のレコードを確認します。

3. 印刷する場合は、［差し込み文書］タブの［完了］グループの［完了と差し込み］ボタンをクリックして、［文書の印刷］をクリックし、［最初のレコード］に「6」、［最後のレコード］に「7」と入力して［OK］をクリックします。そのあとは印刷のダイアログボックスを設定して印刷を実行します。

## 【終了】

1. ［閉じる］をクリックしてWordを閉じます。
2. Excelが開いている場合は［閉じる］をクリックしてExcelを閉じます。

## W&E 30 自分史結合

### 【準備】

1. Wordを起動します。
2. Excelを起動します。

①

1. 画面下部のタスクバーのWordのアイコンをクリックして、Wordの画面を前面に表示します。
2. ［開く］をクリックして［Word&Excel課題集_2021］フォルダー内の［問題30自分史結合使用データ］フォルダーの「自分史本文」を開きます。

②

1. 画面下部のタスクバーのExcelのアイコンをクリックして、Excelの画面を前面に表示します。
2. ［開く］をクリックして［Word&Excel課題集_2021］フォルダー内の［問題30自分史結合使用データ］フォルダーの「自分史年表グラフ」を開きます。

③

1. Excelブック「自分史年表グラフ」の「年表」シー

トのセルA2〜D72を選択します。

2．[ホーム] タブの [クリップボード] グループの
[コピー] ボタンをクリックします。

3．Word文書「自分史本文」に表示を切り替えて、2
ページ目の2行目にカーソルを移動します。

4．[ホーム] タブの [クリップボード] グループの
[貼り付け] ボタンの▼をクリックして、[貼り
付け先のスタイルを使用] をクリックします。

④

1．Wordに貼り付けた表内の1行目を選択します。

2．[ホーム] タブの [段落] グループの [中央揃え]
ボタンをクリックします。

⑤

1．表内にマウスを合わせて、表の右下に表示され
た□（表のサイズ変更ハンドル）を右下方向へ
ドラッグして、完成例を参考にサイズを調整し
ます。

⑥

1．2ページ目 "●ライフチャート" の文字列の直
前にカーソルを移動します。

2．[レイアウト] タブの [ページ設定] グループの
[区切り] ボタンをクリックして、"セクション
区切り" の [次のページから開始] をクリックし
ます。

⑦

1．3ページ目にカーソルを移動し、[レイアウト]
タブの [ページ設定] グループの [印刷の向き]
ボタンをクリックして、[横] をクリックしま
す（セクションを区切っているため、このペー
ジだけが横向きに変化します）。

⑧

1．Excelブック「自分史年表グラフ」に表示を切り

替えて、シート見出し "チャート" をクリック
してシートを切り替えます。

2．グラフエリアをクリックして選択し、[ホーム]
タブの [クリップボード] グループの [コピー]
ボタンをクリックします。

3．Word文書「自分史本文」に表示を切り替えて、3
ページ目の2行目（●ライフチャートの下の行）
にカーソルを移動します。

4．[ホーム] タブの [クリップボード] グループの
[貼り付け] ボタンの▼をクリックして、[図]
をクリックします（貼り付けたグラフが用紙か
らはみ出す場合は、グラフの四隅に表示されて
いる○をドラッグしてサイズを変更します）。

⑨

1．[挿入] タブの [ヘッダーとフッター] グループ
の [ページ番号] ボタンをクリックして [ページ
の下部] にマウスを合わせて、"シンプル" の [番
号のみ2] をクリックします。

2．挿入されたページ番号の1行下にできる空白行に
カーソルを移動し、Backspaceキーを押します。

⑩

1．[ヘッダーとフッター] タブの [ナビゲーショ
ン] グループの [ヘッダーに移動] ボタンをク
リックします（[ヘッダーとフッター] タブが表
示されていない場合は、ページの上部または下
部の余白内でダブルクリックします）。

2．「自分史」と入力します。

3．[ホーム] タブの [段落] グループの [右揃え] ボ
タンをクリックします。

4．[ヘッダーとフッター] タブの [閉じる] グルー
プの [ヘッダーとフッターを閉じる] ボタンを
クリックします。

⑪

1．[挿入] タブの [ページ] グループの [表紙] ボタ

ンをクリックして、[イオン（濃色）] をクリックします。

2. ページ中央の "[文書のタイトル]" と表示されている箇所をクリックして「自分史」と入力します。

3. ページ右上の "[年]" をクリックして▼をクリックし、[今日] をクリックします。

4. ページ左下のユーザー名が表示されている箇所（作成者）をクリックして、「佐藤信人」と入力します。

5. それ以外の項目（文書のサブタイトル、会社名、会社の住所）をそれぞれクリックして選択しDeleteキーで削除します（薄く "・・・・・" と表示されますが印刷はされません）。

⑫

1. [ファイル] タブの [印刷] をクリックします。
2. スクロールしてすべてのページを確認します。

## 【終了】

1. [ファイル] タブの [名前を付けて保存]（自動保存がオンになっている場合は [コピーを保存]）をクリックします。

2. [参照] をクリックして、[Word&Excel課題集_2021] フォルダー内の [保存用] フォルダーに変更します。

3. [ファイル名] ボックスに「問題30自分史結合完成」と入力し、[保存] をクリックします。

4. [閉じる] をクリックしてWordを閉じます。

5. [閉じる] をクリックしてExcelを閉じます。保存を確認するメッセージが表示されたら [保存しない] をクリックします。

■本書についての最新情報、訂正、重要なお知らせについては下記Webページを開き、書名もしくはISBNで検索してください。ISBNで検索する際は-（ハイフン）を抜いて入力してください。

https://bookplus.nikkei.com/catalog/

■本書に掲載した内容についてのお問い合わせは、下記Webページのお問い合わせフォームからお送りください。電話およびファクシミリによるご質問には一切応じておりません。なお、本書の範囲を超えるご質問にはお答えできませんので、あらかじめご了承ください。ご質問の内容によっては、回答に日数を要する場合があります。

https://nkbp.jp/booksQA

**身近なテーマで役立つ文書が作れる**
**Word & Excel 課題集 [2021/365対応]**

2023年 8月 7日　初版第1刷発行

著　　　者　日経BP
発　行　者　中川 ヒロミ
発　　　行　株式会社 日経BP
　　　　　　〒105-8308　東京都港区虎ノ門 4-3-12
発　　　売　株式会社 日経BP マーケティング
　　　　　　〒105-8308　東京都港区虎ノ門 4-3-12
装　　　丁　株式会社明昌堂（相羽 裕太）
印　　　刷　大日本印刷株式会社

・本書に記載している会社名および製品名は、各社の商標または登録商標です。なお、本文中にTM、(R)マークは明記しておりません。
・本書の例題または画面で使用している会社名、氏名、他のデータは、一部を除いてすべて架空のものです。